Die Seele des Raumes *berühren*

Oh Mensch erkenne mich,
 mein Wesen und mein Sein,
 gebe alles nur für dich,
 als Freund und Hüter rein.
 Ich beschütze und bewahre,
 schenk dir Halt und Lebenskraft,
 ohne Lohn und ohne Klage,
 zu deinem Wohle, deiner Macht.

 So nimm mich an als den Gefährten,
 der dir verleiht auf allen Wegen,
 erfüllt mit Leben und auch Werten,
 allgegenwärtig meinen Segen.
 Behütet und auch wohl gehalten,
 in schaffend Werk und ruhigem Traum,
 selbst dein Leben zu gestalten,
 in mir – in deinem *Raum.*

Inhalt

Einführung

Als ich Mitte der Neunziger Jahre das erste Mal meine eigenen Räume energetisch gereinigt hatte, wurde mir bewußt, daß es zwischen mir und dem Raum eine Verbindung geben mußte. Mir war damals nicht klar, um welche Art es sich bei dieser Verbindung handeln könnte. Dennoch hat mich dieses Thema seit dieser ersten Berührung nicht mehr losgelassen. Ich war sehr neugierig geworden, welche Auswirkung die Reinigung haben würde und wurde dabei mit einem sehr angenehmen Ergebnis überrascht.

Nachdem ich damals die Räume meines Hauses gereinigt hatte und wenige Tage später Besuch bekam, stellte dieser nach einiger Zeit fest: Irgendetwas ist hier anders. Man sieht klarer, deutlicher, und der Raum wirkt freier. An was liegt das? Darauf antwortete ich nur: Ich habe den Raum feinstofflich gereinigt.

Seit dieser Zeit habe ich nicht nur regelmäßig meine eigenen Räume, sondern auch sehr viele andere gereinigt. Es ist faszinierend, wenn man sich auf die Energie eines Raumes einläßt und durch seine Kraft in seine Geheimnisse eingeweiht und bei ihrer Erkundung begleitet wird. Dabei entstehen viele innere Bilder, Gefühle und Erregungen bereichern die Handlung.

Dieses Buch soll nicht als Rezeptbuch oder Anleitung für energetische Tätigkeiten in unseren Räumen dienen, sondern vielmehr als Inspiration für die eigenen Impulse und Entdeckungen. Es geht darum, die wahre Kraft unserer Räume zu erkennen und sie mit in das eigene Leben zu integrieren.

Begleiten Sie mich durch dieses Buch und die beschriebenen Beispiele aus der Praxis. Sie bekommen dadurch einen Einblick in die Welt der Dinge, welche für unsere Augen normalerweise unsichtbar sind, jedoch sichtbar werden und Gestalt annehmen können.

Wie und durch was dies geschehen kann, werde ich Ihnen im Laufe dieses Buches erzählen.

Ebenso werde ich Ihnen verschiedene Möglichkeiten aufzeigen, wie man den Raum energetisch kräftigen und durch vielfältige Handlungen gestalten und bekleiden kann. Denn das Sprichwort »Kleider machen

Leute« kann man auch auf unsere Räume übertragen. Licht, Farbe, Formen, Bilder, Gegenstände und Rituale kleiden und erfüllen unsere Räume und lassen sie stimmig und kraftvoll ihrem Charakter entsprechend erscheinen und wirken.

Die genannten Orte, Räume und Beschreibungen der angegebenen Personen, welche ich in den Beispielen erwähne, sind, um die Privatsphäre zu wahren, nicht mit Namen und Orten genannt. Der Inhalt und die Aussagekraft werden aber dadurch nicht beeinträchtigt.

Ich wünsche Ihnen viel Freude beim Studieren dieses Buches und darf Sie nun einladen, die großartigen Geheimnisse unserer Lebensräume zu entdecken, um dadurch Ihre eigenen Räume neu zu erfahren.

Stephan Kordick
Amberg, im August 2007

Einleitung: Die wahre Kraft unserer Räume erkennen und nutzen

Haben Sie sich schon einmal gefragt, warum Sie sich in einem Raum, den Sie vorher noch nie gesehen haben, sofort wohlfühlten und dort gerne den Rest des Tages verbringen wollten?

Können Sie sich daran erinnern, wie Sie sich dort während Ihres Aufenthalts gefühlt haben? Wie waren die Gespräche mit den anderen? Wie lange sind Sie wirklich dort geblieben?

Hatten Sie schon einmal das Gefühl, daß Sie sich woanders wohler gefühlt haben oder Ihnen ein anderer Raum mehr Kraft gegeben hat als Ihr eigener?

Solche scheinbar außergewöhnlichen Situationen haben Sie sicherlich schon einmal erlebt und sich unbewußt die Frage gestellt, an was das wohl liegen könnte.

Aus diesem Grunde möchte ich Ihnen gleich zu Anfang drei Beispiele aus der Praxis nennen, um Ihnen die wahren Potentiale unserer Räume zu vermitteln. Hierbei sei erwähnt, daß der Raum im übertragenen Sinne das Gefäß darstellt, das die Energie aufnehmen und bewahren kann. Der Mensch fungiert als Schöpfer, er ist derjenige, der dafür sorgen kann, daß diese Energie in das Gefäß kommt. Es ist also von Anfang an sehr wichtig, daß beide, Mensch und Raum, sich in ihrer Begegnung gegenseitig befruchten.

Beispiel 1
Die Eigentümerin eines Hauses lud zu einer Feier neun Personen ein, von denen sich die meisten nicht kannten. Eine der geladenen Personen war etwas besorgt, ob der Abend auch interessant und unterhaltsam werden würde, weil sie ja nur zwei der geladenen Gäste kannte. Wie sich später herausstellte, ging es auch anderen so. Selbst die Gastgeberin hatte anfangs ihre Bedenken, aber sie entschied sich trotzdem dafür.

11

Da auch ich eingeladen war und sie mir ihre Bedenken bereits im Vorfeld mitgeteilt hatte, empfahl ich ihr, ihre Räume feinstofflich zu reinigen und auf der seelischen Ebene für diesen Tag vorzubereiten. (Denken Sie an das Gefäß, den Raum, und seinen Schöpfer.)

Die Feier begann um acht Uhr abends, und erst um halb fünf Uhr morgens gingen alle nach Hause. Es war ein mehr als interessanter und unterhaltsamer Abend, und allen Anwesenden blieb er noch lange in sehr angenehmer Erinnerung. Ein schöpferisches Wirken muß man nicht immer sehen, aber man darf es erleben.

Beispiel 2

Eine Familie gab mir den Auftrag, ihr privates Wohnhaus zu begutachten und ihre Räume farblich zu gestalten. Die Familie hatte schon Erfahrung mit der Reinigung von Räumen, denn einmal im Jahr wurden sie mit Rauchwerk gereinigt; und das schon seit vielen Jahren. Jetzt ging es darum, den Räumen durch Farben und Formen ein neues und stimmiges Kleid zu geben. In der Tat spürte ich während der Wahrnehmungsanalyse eine große Klarheit und Reinheit im gesamten Wohnraum. Allerdings erschien das Innere des Hauses unbekleidet. Denn es fehlte das Gewand, also die Farben, die den Räumen Wärme und Ausstrahlung verleihen.

Nachdem ich der Familie mein Konzept vorgestellt hatte, erfolgte mit meinem Maler die Umsetzung, die zwei Wochen später abgeschlossen war.

Seit vielen Jahren lud die Familie immer an einem bestimmten Tag im Jahr Freunde und Bekannte aus einem familiären Anlaß zu einem kleinen Empfang. Dieser begann immer gegen 17 Uhr und dauerte bis etwa 20 Uhr. Bei diesem allerdings gingen die Gäste erst kurz vor Mitternacht, so die Aussage der Familie. Hier wirkte die sichtbare Raumgestaltung mit der nicht sichtbaren Rauminformation in einem segensreichen Miteinander zum Wohle des Raumes und zum Wohle der Menschen, die diesen Räumen begegneten.

Beispiel 3

Ende 2000 bekam ich den Auftrag, ein Dienstleistungsunternehmen zu beraten. Die Eigentümer hatten dieses vom Vorgänger übernommen, der es mehrere Jahrzehnte geführt hatte. Das Problem war, daß man sich, wie der Vorgänger auch, gerade mal so über Wasser halten konnte, obwohl die Firma das Potential hatte, viel mehr Aufträge abzuwickeln.

In der Wahrnehmung vor Ort war eindeutig und klar zu spüren, daß es der Energie des Raumes an Motivations- und Lebenskraft fehlte. Es herrschte eine depressive Stimmung im gesamten Betrieb, und diese stand nicht im Einklang mit den Bedürfnissen der Inhaber. Nachdem die Beratung abgeschlossen und das Gestaltungskonzept besprochen war, empfahl ich, die Geschäftsräume feinstofflich zu reinigen, so daß sich die alte Energie, die sich über Jahrzehnte hinweg angesammelt hatte, vom Raum lösen durfte. Die Reinigung erfolgte an einem Sonntagmorgen und war am späten Vormittag vollzogen.

Die Inhaber waren vom Ergebnis mehr als begeistert, und sie berichteten von einem tiefgreifenden Wandel. Sie konnten es gar nicht recht glauben, wie sich von heute auf morgen, einfach so, zum Wohle aller alles verwandelt hatte. Dies betraf das Raumgefühl, die jetzt sehr angenehmen Kundenbegegnungen wie auch die Aufträge. Auch sie selbst gingen mit einer ganz anderen Kraft und Motivation in die Betriebsräume und an ihre Arbeit.

Diese unsichtbaren und geklärten Wesenskräfte eines Raumes wirken meiner Erfahrung nach wie ein Magnet. In ihrem Zusammenwirken mit den gestalterischen und sichtbaren Kräften entsteht in jedem Raum ein wahrer Lebensquell der magnetisierend wirkt, und dadurch kann eine Urquelle für Fülle, Wohlbefinden und Kraft zum Leben erweckt werden.

1. Das Wesen und die Sprache unserer Räume

Wenn Sie Orte und Räume kennen, in denen Sie sich wohlfühlen und in denen Sie auftanken können, haben Sie das Wesen der energetischen Kräfte von Lebensräumen bereits erfahren und kennengelernt.

Darum heißt es auch Lebensraum und nicht nur »Raum«. Denn ein Raum ist ein statischer Körper. Er hat einen Boden, Wände und eine Decke. Aber jeder Raum ist auch mit einer unsichtbaren Energie erfüllt, die durch Sie und Ihr schöpferisches Wirken in Lebendigkeit und Kraft verwandelt werden kann. So bekommt dieser scheinbar leblose Körper Kraft und Lebendigkeit. Diese entstehen mit dem Erschaffen des Raumes und können durch Gestaltung, Architektur, durch geistige Kräfte und durch unser Sein offenbart und verwirklicht werden.

Bitte denken Sie jetzt nicht, daß Sie das nicht könnten und man dafür mit ganz besonderen Fähigkeiten gesegnet sein muß. Dies ist ein Irrglaube, den ich mit diesem Buch auflösen möchte. Dieses Werk gibt Ihnen einen Schlüssel in die Hand, um mit Hilfe Ihres gesunden Menschenverstandes und Ihres Seins selbst Hand und Herz wirken zu lassen, um für sich selbst, Ihre Familie und Ihre Gäste Räume des Wohlbefindens, erfüllt mit Lebendigkeit, zu erwecken.

Der Raum als menschliches Wesen

Jeder Raumkörper verfügt, ebenso wie der menschliche Körper, nicht nur über einen sichtbaren Körper, den wir sehen, fühlen und greifen können, sondern auch über einen Raumgeist und eine Raumseele, die nicht sichtbar, aber dennoch spürbar sind. Daher auch das Phänomen, daß man sich in einem Raum sofort wohlfühlt, ohne dafür eine greifbare Erklärung zu haben.

Erst diese Dreiheit von Raumkörper, Raumgeist und Raumseele offenbart das wahre Potential unserer Lebensräume.

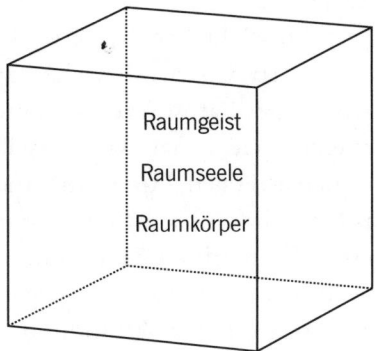

Die Dreiheit (Trinität) Raumkörper – Raumseele – Raumgeist

Sicherlich waren Sie schon einmal in einem Haus, das bereits viele Jahre leergestanden hat. Diese Räume haben meist eine sehr eigenartige Stimmung. Sie wirken öde und leblos. Es herrscht dort oft eine merkwürdige Stille. Es ist so, als ob die Kraft des Raumes schlafen würde. Erst wenn diese Räume wieder gesäubert, gereinigt, gestaltet und belebt werden, erst dann atmet die Kraft des Raumes wieder auf.

Genauso würde es auch einem Menschen ergehen, der jahrelang in einem völlig leeren Raum, ganz ohne Möbel, Bilder, Farben und Symbole, allein und isoliert von der Gesellschaft verbringen würde. Nur einmal am Tag eine kleine Mahlzeit und Wasser zum »Überleben«. Seine geistigen und seelischen Kräfte und Potentiale würden langsam einschlafen. Denn er würde sich auf das körperliche Überleben konzentrieren. Erst durch die Begegnung mit Menschen würde er zu neuer Lebenskraft und neuem Lebenswillen erwachen. Sein Geist wäre plötzlich wieder aktiv und seine Seele würde wieder Nahrung bekommen.

Er hätte zwar all die Jahre körperlich überlebt, aber seine Geistes- und Seelenkraft wäre in einen tiefen Lebensschlaf gefallen.

Oft ergeht es aber auch Räumen, die täglich genutzt werden, genauso. Sie werden einfach nur benutzt, als Schutzhülle mit Dach über dem Kopf.

Die wahren geistigen und seelischen Potentiale jedoch werden nicht wirklich aktiviert. Der Mensch hat jedoch die Kraft und das Potential, Räume nicht nur zu erschaffen und sie zu gestalten, sondern ihnen auch Leben einzuhauchen.

Zur Wiederholung möchte ich hier nochmals verdeutlichen: Der Raum besteht aus einem Körper, so wie wir Menschen auch einen besitzen. Wenn der Raum einen Körper hat, so wie wir, dann hat er auch einen Geist. Und er besitzt eine Seele, genau wie wir selbst. Diese Seele hat Gefühle, kann Emotionen erzeugen, Liebe annehmen und Liebe geben. Darum gilt es für uns Menschen, unsere Räume in ihrer Seele zu berühren. Dann offenbaren sie ihre wahren Kräfte und Qualitäten; und bereichern unser eigenes Leben damit. Es ist ein gegenseitiger Austausch, eine Freundschaft und eine liebevolle Verbindung.

Es ist eine Begegnung von Mensch und Raum.

Wer den Raum in seiner Seele berührt, berührt sich selbst.

Deshalb ist es eine hilfreiche Erfahrung, wenn man das Haus, die Wohnung, das Geschäft, die Schule oder die Firma nicht einfach betritt oder begeht, sondern diesen Lebensräumen wahrhaftig begegnet. Denn eine Begegnung hat mit Offenheit und Wahrhaftigkeit zu tun. Und diese wiederum bringen uns in ein offenes und wahrhaftiges Verhältnis zu unseren Lebensräumen und zu einem Verständnis von ihnen.

Auch Räume haben, wie wir Menschen, eine Sprache. Sie ist nur anders, kann aber trotzdem verstanden werden. Denn diese Sprache ist klar und deutlich, rein und unverfälscht. Und sie hat keinen Dialekt, der nicht verstanden werden kann. Unsere Räume sprechen eine eindeutige und klare Sprache zu uns. Nur nehmen wir diese nicht wahr, weil wir unsere Räume in der Regel nicht als lebendiges Wesen anerkennen. Das müssen wir auch nicht, denn wenn wir dem Raum bewußt und offenen Herzens begegnen, wird der Raum uns erkennen und sich offenbaren. Wenn wir unseren Räumen begegnen und sie wahrnehmen wollen, müssen zuallererst wir uns als offen und wahrhaftig erweisen.

Wir müssen zeigen, daß wir den Raum als lebendige Wesenheit anerkennen und ihm begegnen wollen. Dann wird er sich zu erkennen geben und den Kontakt mit uns aufnehmen. Durch unser Bewußtsein können sich Türen öffnen, die vorher verschlossen waren. Durch unsere Wahrnehmung werden wir die Sprache des Raumes erfahren und eine neue Wirklichkeit unserer Lebensräume wahrnehmen, die uns vorher nicht bekannt war. Falls Sie jetzt glauben, daß Sie die Sprache unserer Räume erlernen müssen, um sich mit ihnen zu verständigen, kann ich Sie beruhigen, denn es geht vielmehr darum, ein Verständnis dieser Sprache zu erlangen.

Ein kleines Beispiel, um Ihnen dies besser zu veranschaulichen:
Ende Dezember 1992 waren mein Bruder und ich bei einem Freund in die Provence eingeladen. Dort hatte seine Familie, die aus Paris stammte, ein Ferienhaus, in dem sie jedes Jahr Weihnachten und Silvester feierte. Unser französischer Freund konnte sehr gut Deutsch, und darum war die Verständigung mit der übrigen Familie kein Problem. Wenn jemand etwas erzählte, dann wurde einfach übersetzt. Auffallend war, daß, wenn der Onkel unseres Freundes etwas sagte, wir es sofort verstanden, obwohl wir selbst kein Französisch sprachen. Aber das, was er sagte, kam sehr deutlich und betont über seine Lippen, und so konnten wir den Inhalt und das, um was es ihm ging, verstehen. Daß heißt, wir bekamen ein Verständnis für seine Sprache und waren offen, sie anzunehmen. Diese Offenheit offenbarte uns den wahren Kern seiner Aussagen. Wir wußten intuitiv, was er sagte, ohne daß wir es jemals hätten ins Deutsche übersetzen können.

Vielleicht haben Sie so etwas schon einmal selbst erfahren. Dieses Beispiel soll Ihnen zeigen, daß wir uns nicht abmühen müssen, die Sprache des Raumes zu erlernen, sondern daß wir vielmehr selbst deutlich und klar mit dem Raum kommunizieren sollten. Er wird uns dadurch leichter verstehen und sich uns aufgrund unserer Offenheit und unseres bewußten Begegnens mitteilen. Unsere Wahrnehmung wird uns den Inhalt seiner »Botschaft« verständlich übermitteln.

»Er hat mir nie einen Namen gegeben.«

Treffender als mit diesem Satz von Mary Shelley kann man es nicht ausdrücken, wenn es um das Verstehen und das wahre Erkennen in einer Beziehung geht. Stellen Sie sich einmal vor, Ihre Partner, Ihre Freunde,

Familienmitglieder und Bekannten hätten keinen Namen. Sie könnten zwar mit ihnen kommunizieren, aber wie würden Sie sich dabei fühlen? Es wäre gar nicht möglich, den betreffenden Menschen anzusprechen und ihm sozusagen wahrhaftig zu begegnen. Außerdem hat ein Name eine sehr große Ausdruckskraft und gibt einem Menschen und auch Objekten Inhalt und Wert. Betrachten Sie die beiden nachfolgenden Bilder des Hauses und der Person. Wie sympathisch sind sie Ihnen? Fühlen Sie sich angezogen durch sie? Werden Sie eingeladen, ihnen näher zu begegnen?

Jetzt sehen Sie sich bitte die gleichen Bilder noch einmal an. Diesmal sind sie allerdings mit ihrem Namen genannt. Hat sich ihr Eindruck auf Sie jetzt verändert? Wie sehen Sie dieses Haus und diesen Menschen jetzt?

Und welchen Begegnungswert hat dieses Haus und dieser Mensch jetzt für Sie?

Melcher Geschäftshaus   Valentin

18

Mir ist es sehr wichtig, auf dieses Namensthema für unsere Häuser und Wohnungen, aber auch einzelne Räume hinzuweisen. Denn der Mensch hat von Natur aus das Bedürfnis, die Dinge des Lebens beim Namen zu nennen. Denn nicht nur Menschen, sondern auch Firmen, Geschäfte und deren Produkte, Autos, Motorräder, Schiffe, Boote und sogar Möbel haben einen Namen. Jetzt werden Sie sich fragen, haben Möbel einen Namen? Ja, gehen Sie einmal durch die Möbelhäuser und schauen Sie auf die Preisschilder. Dann werden Sie feststellen, daß die einzelnen Möbelstücke durch einen Namen aufgewertet werden. Denn ein Schlafzimmerbett »Bolero« ist reizvoller und wertiger, als wenn es einfach Schlafzimmer Nummer 031 heißen würde.

Wenn Sie sich ein Tier zulegen, einen Hund, eine Katze, einen Goldhamster, was auch immer. Was machen Sie zuerst? Sie geben diesem neuen Familienmitglied einen Namen. Damit Sie es rufen und mit ihm reden können.

Als ich meinen ersten Vortrag zum Thema Lebensraumgestaltung hielt, fragte ich zum Schluß die Teilnehmer, welche Namen ihre Häuser und Wohnungen denn hätten. Betretenes Schweigen erfüllte den Raum und große Augen sahen mich erwartungsvoll an, was denn jetzt kommen würde. In der ersten Reihe saß ein elfjähriges Mädchen, und ich fragte es: »Wie heißt das Haus von Pippi Langstrumpf?« Wie aus der Pistole geschossen kam die Antwort: »Villa Kunterbunt«.

Glauben Sie wirklich das Mädchen hätte mir die Frage beantworten können, wenn Astrid Lindgren dem Haus von Pippi Langstrumpf die »Bezeichnung« K8XO3 gegeben hätte?

Daher ist meine Empfehlung: Machen Sie sich einmal Gedanken, mit welchem Namen Sie Ihr Haus (oder Ihre Wohnung) würdigen könnten. Schenken Sie Ihrem Haus einen Namen, denn Ihr Haus schenkt Ihnen Geborgenheit, Rückzugsmöglichkeit, Schutz- und Erholungsraum und ein großes Dach über dem Kopf. Meinen Sie nicht, daß es Zeit wäre, sich dafür zu bedanken?

Das nachfolgende Kapitel kann Ihnen sicherlich dabei helfen, einen wirklich stimmigen und kraftvollen Namen für Ihr Haus, Ihre Wohnung und vielleicht auch Ihre einzelnen Räume zu finden. Und wenn Sie einen Namen gefunden haben, benutzen Sie ihn auch, wenn Sie mit

Ihrem Lebensraum, sei es Haus oder Wohnung, kommunizieren oder von ihm sprechen. Denn mit einem Hund wird auch geredet, und manche tun es sogar mit einem Auto. Warum also nicht mit Ihren Lebensräumen?

2. Intuition und Wahrnehmung für Mensch und Raum

Seiner Intuition nachzuspüren und sie Teil seines Lebens werden zu lassen, bedeutet, eigene innere Bilder und Gefühle wahrhaftig anzunehmen und ihnen zu vertrauen. Intuition ist eine Urkraft, welche uns Menschen mit dem Instinkt bei unserer Geburt mitgegeben wurde, damit wir diese Fähigkeiten nicht nur ausleben, sondern auch in unser schöpferisches Tun integrieren. Es gibt einen einfachen Weg, die ureigene Intuition und seine Instinkte wiederzuentdecken und neu zu erleben.

Es geht dabei um ein Erinnern der frühesten Kindheit. Als Kind brauchten wir uns keine Gedanken machen, wie wir morgen leben werden. Zeit und Geld, Probleme und Sorgen sind in dieser Lebensphase Fremdwörter. Man lebt von einen Tag auf den anderen und wird versorgt nach dem Motto: Sehet die Vögel unter dem Himmel an; sie säen nicht, sie ernten nicht (...); *und* euer himmlischer Vater nährt sie doch.

Die Rückbesinnung auf unser Kindsein, ist eine sehr gute Möglichkeit, die eigene Intuition wieder ins Leben zu integrieren.

Sollte Ihnen dieser Weg nicht leichtfallen, gibt es die Möglichkeit, von den Kindern zu lernen. Nachfolgendes Beispiel kann Ihnen dabei helfen.

Ein Tagescafé, das ich im Dezember 1999 eröffnete, wurde nach geomantischen Prinzipien eingerichtet und gestaltet. Im Sommer des Jahres wurde der dafür vorgesehene Raum umgebaut und farblich gestaltet. Der farbliche Entwurf war vorher festgelegt worden, und nun kam die Umsetzung. Vom Eingangsbereich her sollte mit einem erdigen gelben Farbton begonnen werden, in der Mitte des Raumes nahtlos in ein Aprikot übergehen und am Ende des Raumes in ein kräftiges Orange übergehen und ausklingen. Die Planung und Festlegung der Farben war das eine, die Umsetzung das andere. Denn durch die nahtlosen Übergänge würden die einzelnen Farben mal dunkler und mal heller erscheinen. Es würden also immer wieder neue Farbempfindungen entstehen. Die Frage war, wann sollten die Übergänge gemacht werden und welche Farbe sollte bei den Übergängen zuerst aufgetragen werden? Denn es sollte ein stimmiges Gesamtbild ergeben, damit sich jeder Gast, unabhängig vom Alter, auch wohlfühlte.

Da kam mir die Idee, meine Nichte und meinen Neffen darüber entscheiden zu lassen. Sie waren damals neun Jahre alt und wohnten mit ihren Eltern drei Stockwerke über meinem künftigen Café. Wir begannen am Eingangsbereich mit der Farbe Gelb auf den ersten drei Metern. Anschließend bat ich die beiden, herunterzukommen und es sich anzusehen. Dabei beobachtete ich nur ihre Augen und ihren Gesichtsausdruck. Durch eine Nebentür vom Treppenhaus kamen sie herein und suchten voll Neugier die bereits gestalteten Wandbereiche. Als sie es sahen, leuchteten ihre Augen, und sie freuten sich über die Farbe an der Wand. Mehr brauchte ich gar nicht wissen. Denn ihre strahlenden Gesichter sagten mehr als tausend Worte.

Stellen Sie sich einmal vor, ich hätte einen Erwachsenen gebeten, sich die Farbgestaltung anzusehen. Wissen Sie, was dann passiert wäre? Er hätte angefangen zu überlegen und darüber nachzudenken, was er sagen sollte. Bei einem Kind ist das anders. Ein Kind sieht und erfaßt instinktiv, und daraus ergibt sich eine spontane emotionale Äußerung. Und diese ist echt und unverfälscht.

Ich habe an diesen beiden Tagen der Farbgestaltung, mehr über Intuition gelernt als jemals zuvor. Und ich habe mir von dieser Zeit an eine Eigenschaft wieder zu eigen gemacht: die Kunst zu erlernen, mit den Augen eines Kindes zu sehen.

In der Wahrnehmung des Lebens und in den Räumen gibt es für mich einen großen Leitsatz:

>>Man sieht nur mit dem Herzen gut.
Das Wesentliche ist für die Augen unsichtbar.<<

Antoine de Saint-Exupéry

Das heißt, die wesentlichen Dinge in unserem Leben, in unseren Räumen, auf der Erde und in der Natur, sind für unsere Augen nicht sichtbar. Sie sind nicht greifbar, nicht zu fotografieren und nicht mit der Hand festzuhalten. Man kann sie nicht sehen, aber man kann sie entdecken. Durch unser »Kindsein« können wir sie entdecken und erleben. Diese wesentlichen Dinge sind die wichtigsten in unserem Leben und auch in unseren Lebensräumen. Es ist die Energie, die uns das Leben schenkt, um leben zu können.

Sie kennen sicherlich das Zitat aus der Bibel: »Der Mensch lebt nicht vom Brot allein.« Dieser Satz bringt das Geheimnis, das der Fuchs dem kleinen Prinzen anvertraut, auf den Punkt. Wir alle leben nicht durch unsere »erschaffene Wirklichkeit«, sondern durch unsere »innere Wirklichkeit«, durch unser Sein und unsere Liebe zu allem, was uns umgibt, und allem, was uns begegnet; seien es nun ein Mensch, ein Tier, eine Pflanze, die Elemente des Lebens oder unsere Lebensräume.

Eine Veranschaulichung
Des Menschen größter Lebensquell ist es, Beachtung, Anerkennung und Liebe zu erfahren. Denn diese Energien nähren seine Seele. Haben Sie Beachtung, Anerkennung und Liebe schon einmal gesehen oder gar gegessen? Nein, sicherlich nicht. Aber Sie haben sie mit Sicherheit schon einmal erlebt, geschenkt bekommen oder sogar vermißt. Das ist die Energie des Lebens, welche wir Menschen – außer dem Brot – suchen, weil wir instinktiv wissen, daß dies unsere wahre Quelle ist. Das ist das Wesentliche, welches für unser Auge nicht sichtbar ist. Aber wenn wir mit dem Herzen wahrnehmen und wahrhaftig erkennen, werden wir die vielen anderen Quellen des Lebens mit allen unseren Sinnen aufnehmen. Diejenigen unter uns, von denen wir am meisten über Wahrnehmung lernen können, sind unsere Kinder. Denn sie können die wesentlichen Dinge wirklich erkennen, weil sie mit ihrem Herzen sehen und das Gesehene über ihre Gefühle und ihren Ausdruck von Freude und einem strahlendem Lachen kundtun. Sie denken nicht darüber nach, ob es ein Gut oder ein Schlecht geben könnte. Sie denken nicht in Schwarz und Weiß. Für sie gibt es nur das eine und das andere. Es gibt Situationen, in

denen sie sich wohlfühlen, und Situationen, in denen sie sich unwohl fühlen. Sie würden aber keine von beiden bewerten oder beurteilen, sondern sie erkennen es als das eine und das andere an.

Es gibt wahrscheinlich viele Wege, wie man Wahrnehmung erlernen und vertiefen kann. Jedoch ist aus meiner persönlichen Erfahrung der Weg der Beobachtung der stimmigste. Denn jeder Mensch hat die Kindheit erlebt, und somit bedarf es »nur« einer Rückbesinnung auf das, was bereits schon einmal erfahren wurde; eine Rückbesinnung auf eine Zeit der Unbeschwertheit, Offenheit und grenzenlosen Herzenskraft. Denn als Kind sieht man mit dem Herzen, und darum bleibt den Kindern das Wesentliche des Lebens nicht verschlossen.

Haben Sie schon mal die Zeichnungen von Kindern analysiert und sich gefragt, warum die Katze dort grün, der Onkel rot und die Mutter gelb gemalt wurden? Ganz einfach, die Kinder sehen die Energie, welche die einzelnen Personen, Tiere, Pflanzen und Gegenstände umgibt, und bringen sie dann in der entsprechenden Farbe zu Papier. Ebenso suchen sich Kinder intuitiv immer einen bestimmten Ort oder auch Platz zum Spielen. Sie nehmen nicht jeden Raum an, weil sie intuitiv spüren, daß die Energie des Raumes für sie nicht stimmt. Kinder haben die Fähigkeit, in einer anderen »Frequenz«, also in einem anderen Schwingungsbereich zu sehen und zu fühlen. Und dadurch sind sie für andere, für die sogenannten »nicht sichtbaren« Bereiche offen.

Jetzt werden Sie sich fragen, wie man so etwas für sich selbst wiederentdecken und in das Leben integrieren kann.

Das ganze verhält sich so, als würden Sie an einem Radiogerät einen anderen Sender suchen. Wenn Sie von einem auf den anderen Radiosender wechseln wollen, müssen Sie die Frequenz ändern. Und das so lange, bis der für Sie richtige Sender kommt. Genauso verhält es sich bei der Wahrnehmung. Am besten ändern Sie Ihren Blickwinkel und Ihre Sichtweise gegenüber Ihrer Umwelt, den Räumen und allem was Sie umgibt. Durch diese Veränderung drehen Sie an Ihrer »Antenne« und stellen sich auf eine andere Schwingungsebene und Wellenlänge ein.

Dadurch können Sie ganz automatisch auch andere Bilder und Informationen erhalten als bisher. Wichtig ist dabei, zu beachten, daß Sie sich am Anfang nicht überfordern. Fangen Sie in kleinen Einheiten an, Ihren »Wahrnehmungsmuskel« zu trainieren. Beginnen Sie mit ein paar Augenblicken und wiederholen Sie diese mehrmals am Tag. Beginnen Sie damit, ruhig und weich zu blicken und zu fühlen. Dabei wird die Wirklichkeit vielleicht etwas verschwommen, aber das Wesentliche wird so mehr und mehr erkannt, erfühlt, erspürt, erblickt und letztendlich ganzheitlich wahrgenommen. Konzentrieren Sie sich nicht darauf, alles zu »sehen«. Sondern bleiben Sie mit all Ihren Sinnen offen auf Empfangsbereitschaft. Denn Sie können Wahrsehen, Wahrhören, Wahrfühlen, Wahrschmecken und Wahrriechen.

Arbeiten Sie am Anfang Ihrer Wahrnehmungsübungen mit all Ihren Sinnen und erkennen Sie durch die Kraft der Wiederholung, welche Sinne Ihnen die meisten Informationen übermitteln. Dann können Sie sich auf diesen Teilbereich Ihrer Sinne konzentrieren und ihn weiter ausbauen.

Eine Wahrnehmungsübung für alle Sinne
Nehmen Sie sich gut eine Stunde Zeit, die Sie für sich alleine auf einem Platz oder in einem Raum verbringen können. Setzen Sie sich am besten hin und machen Sie es sich ganz bequem. Schauen Sie sich genau um und notieren Sie alles, was Sie sehen und erkennen, auf einem Stück Papier. Schreiben Sie es ganz spontan auf und überlegen dabei nicht lange. Anschließend legen Sie Ihre Notizen beiseite und sitzen entspannt auf Ihrem Platz. Konzentrieren Sie sich nicht angestrengt auf irgendetwas Bestimmtes. Sondern bleiben ganz gelassen und ruhig auf »Empfang«. Lassen Sie die Qualitäten und Kräfte des Raumes einfach zu sich sprechen. Je ruhiger Sie das ganze einfach geschehen lassen, desto weiter und offener ist Ihr persönlicher Frequenzbereich und desto mehr Informationen werden Sie empfangen. Dabei werden Sie für alle fünf Sinne entsprechende Botschaften bekommen.

Am besten, Sie beantworten sich folgende Fragen bei Ihrer Wahrnehmung:

Sehen:

Was sehen und erkennen Sie in der jetzigen Phase in diesem Raum?

Wie deutlich können Sie es sehen?

Welche inneren Bilder erscheinen Ihnen in diesem Augenblick?

Welche Farben, Formen, Lichter, Bildnisse und Geschehnisse kommen Ihnen in den Sehsinn?

An was werden Sie durch diese Bilder erinnert?

Mit was bringen Sie die Eindrücke in Verbindung?

Was für eine Botschaft wird Ihnen durch das Gesehene vermittelt?

Was sehen und erkennen Sie bei geschlossenen Augen?

Welche inneren Bilder offenbart Ihnen Ihre Wahrnehmung?

Wie fühlen Sie sich jetzt?

Wie geht es Ihnen dabei?

Haben Sie das Gesehene schon einmal selbst erlebt?

Hören:

Was hören Sie in der Zeit Ihrer Wahrnehmung?

Welche Art von Geräusch können Sie wahrnehmen?

Hören Sie Stimmen, Gesang, Klang, Melodien oder rhythmische Klänge?

Wie klar und rein hören Sie in der Wahrnehmung?

Haben Sie ähnliches schon einmal gehört? Wenn ja, wo und wann?

An was werden Sie bei diesen Lauten erinnert?

Was für eine Information bekommen Sie durch das, was Sie hören, vermittelt?

Was fühlen Sie bei dem, was Sie hören? Wie fühlen Sie sich selbst dabei?

Fühlen:

Was fühlen Sie zur Zeit Ihrer Wahrnehmung?

Fühlen Sie Kälte, Wärme, Geborgenheit, Angst, Unbehagen, Mut, Glück, Freude, Abwehr, Lust, Depression, Heiterkeit, Kraft, Müdigkeit, Lebendigkeit, Frieden, Liebe und was noch?

Was für fühlende Eigenschaften kommen Ihnen in den Sinn?

Wie fühlt es sich für Sie persönlich an?

Welches Gefühl durchdringt Sie dabei?
Kommt dieses Gefühl von außen oder aus Ihrem Inneren?
Wie erfüllt fühlen Sie sich jetzt? Oder wie leer?
An was werden Sie jetzt erinnert?
Wann und wo haben Sie sich schon einmal so gefühlt?
Was für eine Situation hat das herbeigeführt?

Schmecken:
Was für einen Geschmack haben sie jetzt im Mund?
Schmeckt es süß, salzig, deftig, herb, bitter, sauer, mild, cremig, natür-
lich, unverdaulich, leicht, interessant, undefinierbar oder wie sonst?
Wann und wo haben Sie zuletzt so etwas schmecken dürfen?
An was werden Sie dabei erinnert?
Erinnern Sie sich gerne daran oder ist Ihnen eher unwohl dabei?
Möchten Sie diesen Geschmack noch einmal erleben?
Mit was bringen Sie diesen Geschmack in Verbindung?
Was für Informationen werden Ihnen durch diesen Geschmack vermit-
telt?

Riechen:
Was für ein Duft steigt Ihnen jetzt in die Nase?
Können Sie diesen Duft zuordnen?
Riechen Sie vielleicht den Duft einer Limone, von frisch gemähtem
Gras, von Erde, von modrigen, verfaulten, ranzigen oder von aromati-
schen Duftölen, von geschnittenem Holz oder einem Wald, den Duft
eines frisch gebackenen Kuchens, von Kaffee, allgemein von Essen,
vielleicht von Abgasen und Industrie, dem Meer oder von was sonst
noch?
An was werden Sie bei diesem Duft erinnert?
Mit was verbinden Sie diesen Duft?
Wie fühlen Sie sich bei diesem Duft?
Welche inneren Bilder entstehen dadurch vor Ihrem inneren Auge?
Wie angenehm oder unangenehm ist Ihnen dieser Duft?

Natürlich kann es sein, daß Sie in einigen Sinnesbereichen mehr Informationen erhalten und bei anderen weniger. Das macht nichts, denn jeder Mensch hat so seine persönlichen Stärken im Bereich der fünf Sinne. Aber diese Vorgehensweise ist am Anfang sehr ratsam. Denn dadurch kommen Sie Ihren starken Sinnen auf die Spur und können sie entsprechend Ihren Stärken ausbauen und trainieren.

Im Laufe der Zeit werden Sie ganz automatisch Ihre persönliche Sinnesantenne ausfahren und an jeden beliebigen Ort und zu jeder Zeit wahrnehmen können. Wichtig ist hierbei zu erwähnen, daß Sie in jedem Fall sehr sorgsam und achtsam mit den Informationen umgehen müssen. Behalten Sie diese Wahrnehmungsinhalte erst einmal für sich und sammeln Sie diese Informationen. Lassen Sie erst einmal Ihr eigenes inneres Bild von diesem Ort oder Raum vor Ihrem inneren Auge entstehen. Es kann ein wenig dauern, bis sich aus den gewonnenen Eindrücken ein Gesamtbildnis formt. Dieses gilt es dann in aller Ruhe zu betrachten, und dann erst kann man Rückschlüsse auf das wahrgenommene Objekt ziehen.

Wichtig ist, daß Sie die Informationen nicht bewerten oder beurteilen, sondern so annehmen, wie sie sind, nämlich echt, authentisch und wahrhaftig. Sehen und erkennen Sie die Energien mit Neutralität und Souveränität. Bleiben Sie ruhig und gelassen, denn dadurch sind Sie offen für die Geheimnisse unserer Lebensräume.

Nun können Sie ihre gewonnenen Erkenntnisse und Wahrnehmungsinformationen wieder zu Papier bringen und mit Ihren ersten Aufzeichnungen vergleichen.

Achten Sie dabei auf die Unterschiede zwischen der ersten spontanen Aufzeichnung und der nach Ihrer Fünf-Sinnes-Wahrnehmung.

Am besten ist es, wenn Sie nach jeder einzelnen Wahrnehmung Ihre erworbenen Informationen niederschreiben. So sind Sie frei für die nächste Sinneswahrnehmung und die seelische Begegnung mit Ihrem Raum.

3. Die Begegnung von Mensch und Raum

Wenn wir unseren Lebensräumen begegnen, begegnen wir immer uns selbst. Denn jeder Lebensraum hat einen Körper, einen Geist und eine Seele. Der Körper, der Geist und die Seele des Lebensraumes stehen stellvertretend auch für den Körper, den Geist und die Seele der Menschen, die diese Räume bewohnen. Der Lebensraum ist somit ein Ausdruck und ein Spiegelbild der Menschen, die darin leben. Er ist daher ein räumliches Erscheinungsbild unseres eigenen Wesens. Somit ist das Haus auch als eigenständiges Wesen zu betrachten. Und wenn wir diesem begegnen, sollten wir uns zuallererst fragen, wem wir begegnen.

Jedes einzelne Zimmer, jeder Raum und alles, was ein Haus oder eine Wohnung beinhaltet, hat eine Funktion, eine Aufgabe, die dem Gesamtorganismus Wohn- und Lebensraum Bedeutung und Inhalt gibt. Nachfolgend finden Sie die organischen Zuordnungen der einzelnen Räume sowie deren körperliche Beschreibungen und die dazugehörigen Ausdruckswerte.

Der Lebens- und Wohnraum des Menschen

Zu Beginn dieses Abschnitts möchte ich gerne auf etwas mir sehr Wichtiges hinweisen.

Die genannten Beschreibungen der einzelnen Räume und die darin gestellten Fragen gelten allgemein. Das heißt, jeder Mensch, unabhängig von Alter und Geschlecht, lebt, wohnt und arbeitet genau so, wie es seiner derzeitigen Lebensphase und Lebenssituation entspricht. Niemand wohnt, lebt und arbeitet »falsch« oder »schlecht«, sondern seinem Leben gemäß in seinem eigenen Spiegelbild.

Wenn sich in Ihrem Leben – durch Ihre Tätigkeit, Ihren Gesundheitszustand, Ihre Partnerschaft, Kinder, Tiere und andere Dinge – etwas verändert, wird das Ihren Lebensraum auch in seiner Erscheinung und Kraft beeinflussen.

Dazu einige Beispiele:

Sie bewohnen seit fünf Jahren eine Zweizimmerwohnung zusammen mit Ihrem Lebenspartner. Sie erben 150.000,00 €. Glauben Sie wirklich, daß sich im Hinblick auf Ihre Lebensraumsituation nichts ändern würde?

Nach einer gescheiterten Beziehung begegnen Sie einem neuen Menschen, der Ihr Herz gewinnt und dem Sie es schenken. Die Liebe ist groß, und der neue Partner bringt neuen Schwung in Ihr Leben. Sollten Sie mit ihm gemeinsam wohnen und leben wollen, wird sich der Raum mit verändern. Unabhängig, ob Sie zu ihm ziehen, er zu Ihnen oder sie beide gemeinsam einen neuen Raum suchen.

Ein Familienmitglied ist seit längerer Zeit schwer krank und verstirbt zu Hause. Denken Sie wirklich, daß sich die Stimmung im gesamten Lebensraum nicht verändern würde? Dabei wird der Raum nicht schlechter, sondern in seiner Ausstrahlung anders erscheinen und die Bewohner in eine andere Stimmung versetzen, als wenn das Mitglied weit von zu Hause entfernt durch einen Unfall ums Leben gekommen wäre.

Eine Firma hat einen außergewöhnlichen und sehr lukrativen Auftrag bekommen. Die Freude bei der Geschäftsführung und allen Mitarbeitern ist riesig. Diese Begeisterung und der daraus resultierende Motivationsschub stimuliert alle und manifestiert sich auch in diesen Räumen. Der Raum schwingt sozusagen mit der Stimmung der Menschen mit.

Hier verhält es sich genauso wie bei einem Musikinstrument. Der Musiker, der darauf spielt, hat es in der Hand, welche Töne er erzeugt. Er kann schnelle Rhythmen, aber auch langsame, gefühlvolle Balladen spielen;

auch laut und leise, Dur oder Moll, tief oder hoch, beschwingt oder besinnlich, zum Tanzen einladen wie auch zum Horchen und Lauschen.

Ein Musikinstrument ist die körperlich greifbare Erscheinung. Das, was daraus entsteht, ist Klang. Und dieser Klang schwingt durch den Resonanzkörper des Musikinstruments in den großen Resonanzkörper Raum und erfüllt ihn.

Durch diese Raumbegegnung und Raumaktivierung bekommen wir ein sehr kraftvolles Instrument in die Hand. Denn nicht nur der Raum ist ein Spiegelbild Ihrer derzeitigen Lebenssituation, umgekehrt ist es genauso. Es besteht immer eine Wechselwirkung von Mensch und Raum sowie von Raum und Mensch.

Welche Stimmung erzeugt der Mensch und welche Klangstimmung wird dadurch im Raum hervorgerufen?

Bei einer Wechselwirkung werden immer wieder Impulse gegeben, ansonsten wäre es keine Wechselwirkung. Und daraus resultiert eine Einwirkung und eine Auswirkung. Wenn Sie auf Ihren Lebensraum mit Aufmerksamkeit, Wahrnehmung und Gestaltung einwirken, wird sich daraus eine Auswirkung, ein Resultat ergeben.

Ein Beispiel:
In meinem Café hatte ich kurz vor Feierabend eine heftige Diskussion mit einer meiner Bedienungen. Vom Eingang aus konnte man nur mich an der Theke stehen sehen, die Mitarbeiterin war von dort nicht zu sehen. Im Café selbst waren keine Gäste mehr. Die Stimmung war sehr aufgeladen, obwohl wir nicht laut diskutierten. Nach etwa drei bis vier Minuten kam ein Gast herein, um noch einen Kaffee zu trinken. Er stand an der Schwelle, schaute mich an und sagte nur: »Ich glaube es ist besser, ich komme ein anderes Mal wieder.«

Bewußt oder unbewußt hatte er die Stimmung des Raumes wahrgenommen und sofort reagiert. Er spürte, hier war »dicke Luft«, und entschied sich augenblicklich, wieder zu gehen.

Selbstverständlich habe ich die Stimmung im Raum nach Beendigung unseres Disputs und nachdem ich allein war zum Wohle des Raumes wieder bereinigt. Dazu mehr beim Thema Raumreinigung.

Ein weiteres Beispiel zur Veranschaulichung:
Stellen Sie sich einmal vor, Sie würden Ihren derzeitigen Lebensraum nicht mehr reinigen und lüften. Und zwar ein halbes Jahr lang.

Sie wirken durch Ihr »Nichtstun« ein, und es wird sich dadurch ein Ergebnis einstellen. Sicherlich wird dieses Ergebnis nicht zufriedenstellend sein. Denn Ihr Lebensraum könnte nicht mehr atmen, würde ersticken und sich in eine »Gruft« verwandeln. Ihr Leben und Ihr Raum würden langsam veröden.

Wenn Sie allerdings Ihrem Lebensraum regelmäßig wahrhaftig begegnen und ihn beleben, so wird sich auch diese Einwirkung auf Ihr Leben entsprechend auswirken.

Dies ist eine Gesetzmäßigkeit, die seit der Erschaffung von Räumen besteht.

> »Zuerst gestalten wir unsere Räume, und dann gestalten sie uns.«
> *Bernard de Clairvaux*

Dieser Satz bringt es meines Erachtens nach auf den Punkt. Denn der Raum wird unser Leben durch seine Erscheinung und Form gestalten, aber wir haben die Macht und die Kraft ihm in Gestalt und Erscheinung Leben einzuhauchen, zu verändern und zum Wohle des Raumes wie auch zum Wohle unseres Lebens und unseres Seins Seelenkraft zu schenken.

4. Die Lebens- und Organzuordnung unserer Räume

In diesem Abschnitt beschäftigen wir uns mit der Lebens- und Organzuordnung unserer Lebensräume, unabhängig ob Sie eine Wohnung haben oder in einem Haus wohnen. Selbst eine Einzimmerwohnung läßt sich nach diesen Zuordnungen analysieren. Denn auch, wenn Sie nicht über alle besprochenen Räumlichkeiten verfügen, so läßt sich jeder genannte Bereich durch kreative Gestaltung in Ihren Lebensraum einbringen und die jeweilige Funktion dort wiederfinden.

Wenn Sie z.B. keinen Garten haben, können Pflanzen in Ihrem Lebensraum für ihn stehen. Ebenso kann ein fehlendes Kinderzimmer durch Erschaffung eines »Kinderbereiches« etwas »Fehlendes« ersetzen. Indem Sie etwa durch ein Bild oder Erinnerungsstück an Ihre eigene Kindheit und das Kindsein auch als Erwachsener erinnert werden. – Näheres dazu bei den Beschreibungen der einzelnen Lebensräume.

Das Haus selbst, in dem Sie wohnen, ist der gesamte Erscheinungskörper, und die Eingangsseite des Hauses ist im übertragenen Sinne das Gesicht der Menschen, die darin wohnen, leben und arbeiten. Dabei ist das Äußere des Hauses mit der Haut des Menschen zu vergleichen, und der Innenraum des Hauses spiegelt das Innere der Menschen wider, die diese Räume bewohnen.

So wie sich das Gesicht des Hauses und sein äußeres Erscheinungsbild darstellt, so werden sich auch seine Bewohner in ihrer Umgebung zeigen und darstellen.

Jeder einzelne Raum, jedes Zimmer in einem Haus oder in einer Wohnung stellt eine Verbindung her zu den Menschen, die darin leben, und zeigt uns ihre derzeitige Verfassung, Lebenseinstellung und Lebensphase, alles, was zum gegenwärtigen Zeitpunkt ihr Leben und ihre Aktivitäten bestimmt, sei es geistig, körperlich oder seelisch.

Jeder Raum hat eine bestimmte Funktion oder Aufgabe, die er zu erfüllen hat. Diese Aufgabe des Raumes spiegelt bestimmte Eigenschaften wider, die den Menschen beeinflussen, sei es förderlich oder auch hemmend.

Die Position des Raumes im Haus, seine Funktion, seine Einrichtung, die Farben und Bilder erzählen uns die Geschichte von der Kraft des Raumes, und wir beginnen, in den Räumen zu lesen und durch sie zu erkennen.

Unsere Aufgabe besteht keinesfalls darin, zu urteilen oder zu bemängeln, sondern zu erkennen, wo die Stärken und wo die Schwächen im Haus oder in der Wohnung liegen; und wie der ganze Raum in seiner Funktionsweise möglichst harmonisch und kraftvoll gestaltet werden kann, damit Lebensraum und Bewohner in ihrer Kraft gestärkt werden.

Die organische Bedeutung des Hauses und der einzelnen Räume und ihre Wechselwirkung mit den Menschen

Die Eingangsseite und die Außenfassade des Hauses

Die Eingangsseite steht für das Gesicht des Hauses und zusammen mit der gesamten Außenfassade für das Erscheinungsbild der Menschen, die dieses Haus bewohnen. Die Erscheinung zeigt uns, was nach außen hin gezeigt werden will oder werden kann. Der Verputz des Hauses symbolisiert die Haut des Menschen, und die Gestaltung in Farbe und Form steht für die Kleidung und die Art, sich zu kleiden. Stellen Sie sich einmal vor, dieses Haus wäre wirklich ein Mensch.

Wie steht er vor Ihnen?
Wie sympathisch ist er Ihnen?
Was macht er für einen Eindruck auf Sie und was will er Ihnen erzählen?
Lächelt er Sie an oder will er in Ruhe gelassen werden?
Wirkt er einladend auf Sie oder eher abweisend?
Welchen Eindruck macht seine Haut auf Sie?
Wie lebendig erscheint Sie Ihnen?
Ist die Haut rissig oder spröde?

Hat Sie eine angenehme und gesunde Farbe?
Wie ist er gekleidet? Denn Kleider machen Leute.

Betrachten Sie sich einmal in aller Ruhe die nachfolgenden Abbildungen. Sie sehen darauf ein Geschäftshaus und ein Einfamilienhaus jeweils vor und nach der Gestaltung.

Sie können die oben genannten Fragen anhand dieser Abbildungen beantworten, oder Sie betrachten Ihr eigenes Haus und analysieren dieses. Ebenso können Sie die Häuser in Ihrer Nachbarschaft betrachten und sich die einzelnen Fragen stellen. Achten Sie aber bitte darauf, daß Sie weder Ihr eigenes Haus noch daß der anderen bewerten oder gar verurteilen. Bleiben Sie sachlich, objektiv und neutral und vor allem, schauen Sie mit Ihrem Herzen, um die Wahrhaftigkeit und den Wesenskern des Escheinungsbildes Haus/Mensch zu erfassen.

Das Melcher Haus vor der Gestaltung

Das Melcher Haus nach der Gestaltung

Das Sonnenhaus vor der Gestaltung

Das Sonnenhaus nach der Gestaltung

Der Garten: der Schutzbereich, die Behaarung

Der Garten versinnbildlicht das, was nach außen hin gezeigt werden will oder gezeigt werden kann. Er steht zusammen mit der Außenfassade für das äußere Erscheinungsbild der Bewohner. Der Garten ist die Hülle, die das Haus repräsentiert und einbettet. Er bietet dem Haus Schutz und Geborgenheit, umhüllt es sozusagen durch seine natürliche Kraft und Schönheit. Der Garten bildet das äußere Energiefeld des Hauses. Durch ihn wird dem Haus Lebendigkeit und Natürlichkeit geschenkt. Der Gang durch den Garten ist Vorbereitung und Einstimmung auf die Begegnung mit dem Haus und seinen Räumen.

Wie offenherzig und natürlich erscheint der Garten? Wie ist er angelegt? Als Zier- Nutz- oder Erholungsgarten? Oder ist es eine Kombination daraus?
Ist es ein natürlicher Garten mit Wildblumen und Wildkräutern oder ein moderner Architekturgarten? Wirkt der Garten einladend auf Besucher? Welche Ausstrahlungskraft hat der Garten?

Wie lebendig und kraftvoll wirkt er? Halten sich dort auch Tiere wie
Sing- und Greifvögel, Igel und Marder auf?
Auf welchem Weg werde ich durch den Garten zum Haus geführt? Ver-
mittelt er Natürlichkeit und Farbenpracht? Fühlt man sich wie im
Garten Eden? Wie groß ist die Abwechslung von Sträuchern, Bäumen,
Blumen, Kräutern, Wasser und Steinen?
Gibt es Wege durch den Garten, die einladen, sie zu begehen?
Wie anregend wirkt er auf die fünf Sinne? Gibt es etwas zu sehen, zu
hören, zu schmecken, zu riechen und zu fühlen?

Wie immer der Garten auch angelegt ist und welche Lebenskraft dort
wohnen mag, der Garten ist sozusagen der Vorhof zum Haus. Er umhüllt das Haus und bettet es ein. Der Garten ist die Schutzhülle des
Hauses, ein lebendiger Filter, der als Sinnesschutz für das Haus und
seine Bewohner und zugleich als lebendiger Magnet für Lebenskraft
bezeichnet werden kann. Er kann die Quelle sein, die den Lebensraum
mit natürlicher und vitaler Lebensenergie versorgt und wo der Mensch
und seine Räume verbunden sind mit einer natürlichen Umgebung.

Gestaltungstips
Unabhängig davon, ob Sie einen Zier- oder Nutzgarten, einen naturbe-
lassenen Wildblumen-Kräutergarten, einen modernen Architekturgarten, einen reinen Kräuter- und Gemüsegarten, einen Obstgarten, einen
exotischen Garten, einen Dachgarten oder einen Balkongarten besitzen:
Überprüfen Sie einmal beim Begehen dieses Gartens oder auch Gärt-
leins, ob Ihre fünf Sinne berührt werden.

Was können Sie sehen?
Was für Farben, Blüten, Bäume, Sträucher, Wege, Wasser, Steine und
Blumen oder auch Kunstobjekte bereichern Ihr Gartenparadies?
Welcher Abwechslungsreichtum wird dem Auge geboten?
Eine gesunde und kraftvolle Gartengestaltung bietet dem Auge unter-
schiedliche Höhen in der Erscheinung von Strauchwerk und Bäumen,

ebenso entstehen durch die verschiedenen Größen und Dichten der Pflanzen abwechslungsreiche Eindrücke von Fern und Nah, Enge und Weite, was durch eine natürliche und lebendige Wegführung verstärkt werden kann. Ebenso können besondere Gartenaccessoires wie Kunstobjekte, Lampen, Skulpturen und dergleichen, aber auch auffällige alleinstehende Sträucher und Bäume die Blicke des Betrachters einfangen und Aufmerksamkeit erregen.

Was können Sie hören?

Was wird Ihren Ohren in Ihrem Garten geschenkt? Hören Sie ein Rauschen der Blätter einer Birke? Erfüllt das sanfte Plätschern eines Wasserspiels oder das Flüstern eines Quellsteins den Gartenraum? Dürfen Sie dem Gesang und Zwitschern heimischer Vögel und dem Zirpen von Grillen lauschen? Vernehmen Sie die sinnlichen Melodien eines Klangspiels, das durch den Wind berührt wird?

Gestattet Ihnen Ihr Garten zu bestimmten Zeiten, der Stille nachzuhorchen?

Natürliche und abwechslungsreich gestaltete Gärten sind das Fundament für einen lebendigen Lebensraum, der Singvögel und andere Tiere einlädt und für natürliche Stimmung im Garten sorgt. Dies können Sie gerne durch ein kleines Wasserspiel oder auch das Pflanzen verschiedener Sträucher und Bäume sowie Blumen unterstützen. Ebenso kann ein Klangspiel oder das Rauschen einer Birke die Symphonie des Gartens wohltuend bereichern.

Was können Sie fühlen?

Hier wird unser Fühl- und Tastsinn angesprochen und berührt. Hier können Sie durch verschiedene Materialien und Oberflächen den angeborenen Fühl- und Tastsinn inspirieren. Der Mensch will nicht nur sehen, sondern durch die Berührung bestimmte Materialien und Gegenstände ganz »begreifen«.

Glatte, rauhe, kühle, warme, trockene und nasse Objekte können durch Steine, Hölzer, Wurzeln, Wasser, Blumen und die Früchte von Obstbäumen und verschiedener Gemüsearten anregen und einladen,

den Garten auch durch Tasten und Fühlen zu erfahren und zu greifen.

Ebenfalls können Sie Wege, die durch den Garten führen, unterschiedlich in Form und Material anlegen. So können Sie einmal auf Gras, Moos, Stein, Holz oder Kiesel den Garten nicht nur begehen sondern auch fühlerisch stimulierend erfahren.

Was können Sie schmecken?

Selbst auf kleinen Balkongärten können Sie diesem Sinnesorgan einiges bieten. Hier könnten Sie Ihr kleines Paradies mit Erdbeeren, Himbeeren, Johannisbeeren und auch Tomaten und Karotten wertvoll vervollständigen. Man wird eingeladen, die Früchte zu ernten und frisch zu verzehren.

Ebenso bereichern verschiedene Obstbäume einen Garten nicht nur optisch, sie bieten ihre Früchte, damit wir sie uns schmecken lassen; wie im Garten Eden, auch dort gab es nicht nur Sehenswertes, sondern auch Köstlichkeiten, die dem Gaumen Freude bereiteten. Je nach der Zeit, die Sie für ihn erübrigen, können Sie Ihren Garten mit sinnlichen Geschmacksschätzen der Natur schmücken und bereichern.

Was können Sie riechen?

Bietet Ihnen ihr Garten Duftendes und Wohlriechendes? Haben Sie die Möglichkeit, etwas zu beschnuppern, und werden Sie durch verschiedene Düfte berauscht?

Wohlduftende und wohlriechende Blumen und Kräuter können durch ihre sinnlichen Düfte verzaubern und verführen. Sie wirken ein auf unsere Gefühle und berühren unsere Seele. Sie machen uns offen für die wahre Anmut der Natur und ihre Schätze.

Ein blühender Rosenstrauch ist eine wunderbare Erscheinung für unsere Augen, bei Berührung seiner Blüte fühlen wir die Weichheit dieser Blume und durch Aufnehmen ihres Duftes gelangen wir zur krönenden Offenbarung, die uns berauscht und beflügelt. Durch diese eine Blume werden gleich drei Sinne in uns angeregt.

Es gibt eine Vielzahl von Duftblumen, Pflanzen und Kräutern, die Ihren Garten, ob groß oder klein, mit anregenden und berauschenden Düften erfüllen und durchdringen können.

Der Zaun:
die Grenze, die Zähne, die Finger

Die Abgrenzung des Grundstücks erfolgt in den meisten Fällen mittels eines Gartenzaunes. Dies kann ein lebendiger Zaun aus Hecken, ein Holzzaun, eine Steinmauer oder ein Metallgitter sein. Allerdings gibt es auch Grundstücke, bei denen kein Zaun oder gar keine Abgrenzung vorhanden ist. Meistens gibt es hier auch sehr wenig an Sträuchern und Bäumen im Garten, die die Aufgabe der Abgrenzung übernehmen würden. Hier ist das Grundstück oftmals von allen Seiten zu begehen.

Welche Abgrenzung hat Ihr Grundstück?
Wie sympathisch erscheint dieser Zaun, diese Abgrenzung?
Ist sie lebendig oder trist und abweisend?
Wie hoch ist sie und welchen Eindruck gibt sie Ihnen?
Aus was für einem Material besteht die Grenze Ihres Grundstücks?
Beton, Ziegel, Holz, Kunststoff, Metall oder Hecken?

Wie intakt ist die Abgrenzung, weist sie Lücken auf?
Gibt es überhaupt eine Abgrenzung in Form eines Zaunes, oder ist das
   Grundstück offen gestaltet?

Ohne Abgrenzung werden keine Grenzen aufgezeigt. Jeder kann kommen und gehen, wann er will. Ohne diese Grenze ist man offen und verwundbar auf allen Seiten. Das heißt, in der Regel wird durch diese Offenheit vermittelt, daß es hier etwas zu holen gibt und sich jeder bedienen kann.

Ohne Abgrenzung ist das Gleichgewicht zwischen Nehmen und Geben unausgeglichen. Sehr oft können die Bewohner mit solch einer Situation der Nichtabgrenzung schwer »Nein« sagen gegenüber Forderungen und Bitten anderer.

Wenn keine Abgrenzung vorhanden ist, ist das ungefähr so, als hätten die Bewohner keine Zähne. Sie können weder das Empfangene mit einem strahlenden Lächeln begrüßen, noch im übertragenen Sinne die Nahrung des Lebens richtig kauen oder, wenn es sein muß, die Zähne zeigen.

Außerdem stehen die Zähne im menschlichen Körper erfahrungsgemäß für das psychische und physische Potential des Menschen. Sehr viele gesundheitliche Probleme lassen sich über gesunde und kraftvolle Zähne beheben.

Ein Grundstück sollte eine klare und saubere Abgrenzung haben und in Größe und Form auf das Grundstück, die Umgebung und das Haus abgestimmt sein. Diese Grenze sollte Grenzen aufzeigen, aber auch die willkommene Möglichkeit bieten, über den Grenzübergang (Einfahrt, Zugang, Gartentor usw.) auf das Grundstück und zum Haus zu gelangen. Dabei sollte beachtet werden, daß dieser Eingang einladend und großzügig angelegt und gestaltet ist. Bereits hier will das Leben aufgenommen und begrüßt werden.

Auch sollte der Weg von der Grundstücksgrenze bis hin zur Haustüre einladend und führend gestaltet und angelegt sein. Auch für einen Fremden sollte der Weg zum Haus leicht begehbar und der Hauseingang ohne Schwierigkeiten zu finden sein.

Gestaltungstips

Sie können bereits bei der Neuerrichtung eines Zaunes sehr kreativ werden. Natürlich spielt dabei die spätere Pflege und Instandhaltung eine große Rolle. Überlegen Sie sich deshalb bereits vorher, aus welchem Material Sie den Zaun errichten wollen. Verzinkte Metallzäune sind natürlich am sinnvollsten, wenn man wenig Arbeit damit haben will. Allerdings besteht hier die Möglichkeit, durch Farbe die eher kühle metallische Erscheinung in ein anderes Kleid zu hüllen und dem Aussehen dieser Abgrenzung mehr Inhalt und Ausstrahlungskraft zu verleihen.

Unabhängig davon, ob der Zaun aus Metall, Holz oder aus einer Kombination beider Materialien besteht, spielt die Formgestaltung eine wichtige Rolle und sollte daher in die Planung mit einbezogen werden. Hierbei können die einzelnen Stäbe oder auch Latten des Zaunes kantig oder rund sein und das obere Ende einen besonderen Abschluß bekommen.

Lebendige Zäune sind die natürlichste Art der Abgrenzung und bilden bereits eine erste Berührung mit dem Grundstück und dem darin befindlichen Garten.

Wie auch immer der Zaun bzw. die Abgrenzung gestaltet und aus was für Materialien er geschaffen ist, das Fundament, das ihn trägt und ihm Halt bietet, sollte in die Gestaltung mit einbezogen werden. Stabilität und Sicherheit sind hier natürlich Grundvoraussetzungen. Weiterhin kann die farbliche Gestaltung des Sockels in das äußere Erscheinungsbild des Zaunes, des Gartens sowie des Hauses mit einbezogen werden.

Der Eingang durch das Gartentor ist die erste Pforte, die man durchschreitet, um auf das Grundstück zu gelangen. Er sollte so einladend gestaltet sein, daß man gerne hindurchgeht und sich nicht bequemerweise einen anderen Weg sucht bzw. einen eigenen Zugang verschafft. Dies ist vor allem bei größeren Grundstücken sinnvoll, damit die Bewegungs- und Begegnungsenergie nicht zerstreut und verwässert wird. Außerdem ist es für die Bewohner praktisch, denn dadurch hat man einen genaueren Überblick, aus welcher Richtung das Grundstück betreten wird, und man kann von dort die Energie gezielt durch den gesamten Garten und zum Eingang des Hauses lenken.

Hier nun begegnen wir dem Gesamtorganismus bzw. den einzelnen Räumen des Hauses oder der Wohnung. Die bei der Gartengestaltung bereits erwähnten Anregungen für die fünf Sinne dürfen Sie gerne auf Ihre anderen Lebensräume übertragen. Hier noch einige Anregungen, welche Ihre Sinne beflügeln und die Seele Ihrer Räume berühren.

Mögliche Geschenke für das Sinneserleben der Augen

Farben, Bilder, Kunstobjekte, Stoffe, Möbel, Fenster, Vorhänge, Türen, Lampen, Licht, Kerzen, Wand- und Treppengestaltung, offener Kamin, Holzofen, Teppiche, Holz- Stein- oder Fliesenböden, Obstschalen, Zimmerbrunnen, Aquarien, Mobiles, Klangspiele, Musikinstrumente, Wand- und Standuhren, Zimmerpflanzen, Schnitt- und Topfblumen, jahreszeitlicher Schmuck wie Adventskranz, Weihnachtsbaum, Osterstrauß, Erntedankgesteck, Pfingstrosen, Barbara- und Mistelzweige.

Mögliche Geschenke für das Sinneserleben der Ohren

Wohlklingende Haus- oder Wohnungsglocke, Klangspiele, selbstgespielte Musik oder von CD oder Radio, plätschernde Wasserspiele und Zimmerbrunnen, Klang einer Wand- oder Standuhr, das Knistern des brennenden Holzes im Ofen.

Mögliche Geschenke für das Sinneserleben der Haut und der Hände

Warme und kühle Bereiche, Gegenstände aus Metall, Glas, Holz, Kunststoff, Textilien, Leder, Keramik, Porzellan, ebenso wie Betten, Kissen, Sofas, Sessel, Stühle, Tische, Schalen, Tassen und Teller, Zimmerbrunnen mit Wasser, Luftbewegung durch Lüften oder Ventilatoren, Vorhänge, Türklinken, Wasserhähne, Schranktüren, Musikinstrumente, Skulpturen, einfach alles, was man im Haus bewußt oder auch unbewußt berührt oder mit dem man in Berührung kommt.

Mögliche Geschenke für das Sinneserleben des Gaumens

Süßes und Salziges, Gemüse und Obst, warme und kalte sowie alkoholische und nichtalkoholische Getränke, Frühstück, Mittag- und Abendessen, Zwischenmahlzeiten wie Brotzeit und Kaffee und Kuchen, Schalen mit Obst oder auch Süßigkeiten.

Mögliche Geschenke für das Sinneserleben der Nase

Der Duft bei der Essenszubereitung, beim Kochen und Backen, bei der Kaffee- und Teezubereitung, frische Luft durch das Lüften am Morgen, Mittag und Abend, Duftöle, Duftkerzen, Räucherstäbchen, frische Blütenblätter, Blumen, duftende Pflanzen, natürliche und duftende Reinigungsmittel, natürliche Möbel, Böden und Gegenstände aus Holz, gespaltenes Holz für den Ofen, Kaminfeuer, frisches oder auch getrocknetes Harz, Tannenduft des Adventskranzes und des Weihnachtsbaumes, frische Topfkräuter in der Küche (Basilikum, Minze udgl.), duftende Kräuter-, Blumen- und Hopfenkränze, Mistelzweige, Bienenwachs.

Dies alles sind Gestaltungselemente für Mensch und Raum, die sowohl Ihre Sinne beschenken und anregen, als auch die Seelenkraft Ihres Raumes stärken.

Die Belebung durch die genannten Gestaltungselemente berührt und stärkt nicht nur die Seele Ihres Raumes, sondern auch die der Menschen, die in diesen Räumen leben und ihm begegnen.

Wir begegnen dem Lebensraum Haus

Die Eingangstür:
die Aufnahme, der Mund

Die Eingangstüre ist die erste Pforte, der man begegnet, wenn man das Haus betreten will. Die Eingangstür steht auch für die Kontaktfreudigkeit der Menschen, die diese Räume bewohnen. Die Haus- oder auch Wohnungstür steht symbolisch für das Tor, hinter dem sich uns die Innenwelt des Gesamtorganismus offenbart.

Auf welchen Weg und wie leicht kommen Sie zur Haustür?
Wird der Hauseingang leicht gefunden? Oder muß man erst nach ihm suchen?
Welchen Eindruck macht die Eingangstür auf Sie?
Welche Erscheinung hat diese Pforte und wie ist sie gestaltet?
Sind Sie selbst und andere willkommen?
Werden Freunde und Fremde gerne empfangen?
Gibt es Namensschilder und wie sind diese in ihrer Erscheinung?

Ist eine Glocke vorhanden und funktioniert sie?

Wie ist ihr Klang, ihre Melodie und wie wirkt diese auf Besucher?

Gibt es einen Willkommens- oder auch Segensgruß neben oder über der Haustür?

Auf welche Art und in welchem Maße wird das Leben an- und aufgenommen?

Will das Haus etwas an- und aufnehmen?

Wie einladend ist dieser Bereich?

Wie offen und weit ist der Mund des Hauses gestaltet?

Welche Gestalt und Größe hat er? Wie ist das Größenverhältnis zum Haus?

Wie geht es meinem eigenen Mund, meiner eigenen Aufnahmebereitschaft?

Was für Worte und was für eine Kraft kommt aus meinem eigenen Mund?

Wie ist meine Stimme und wie kraftvoll und bestimmt spreche ich?

Spreche ich Worte aus meinem Herzen und einem klaren und reinen Geist?

Wie will ich mich in Zukunft selbst und über den Mund des Hauses mitteilen?

Der Mund des Hauses ist das Tor, welches durchschritten wird, um in eine neue Welt zu gelangen. Dieses Tor versinnbildlicht den Übergang vom Außenraum zum Innenraum, von der äußeren Welt in die innere. Es sollte sich leicht öffnen lassen, Sicherheit und Stabilität ausstrahlen sowie als erster Repräsentant des gesamten Hauses betrachtet werden. Die Haustüre ist das erste Organ, welches Sie und Ihre Besucher begrüßt, es ist wie eine Begrüßung, die durch den Mund und über die Lippen vermittelt wird, der Beginn einer liebevollen Begegnung und zugleich ein Kuß.

Die Fenster:
das Sehen, die Augen

Eines unserer Sinnesorgane wird hier symbolisiert. Die Fenster spiegeln die Augen des Hauses und die Klarsicht der Bewohner. Die Fenster geben uns die Möglichkeit, von außen nach innen und von innen nach außen zu blicken, zu sehen, zu erkennen, zu entdecken, wahrzunehmen und sich des Blickes zu erfreuen.

Wie viele Augen hat das Haus? Auf welcher Seite des Hauses will mehr gesehen werden? Gibt es Fenster auf der Hauseingangsseite? Wie sind diese gestaltet?
Was will man sehen und wie will man es sehen? Wie gut kann man sehen?
Wie freundlich und lebendig blicken mich die Augen des Hauses an?
Welche Größe haben die Fenster? Gibt es eine stimmige Verhältnismäßigkeit von der Anzahl der Fenster zur Größe des Hauses?

Sind die Scheiben klar, verspiegelt oder gar alt und matt?
Will man sehen, ohne selbst gesehen zu werden?

Gibt es Vorhänge und Zierrat, die den Fenstern Wert, Freundlichkeit und Ausstrahlung geben?

Wie die Augen des Menschen nehmen die Fenster die gesamte Umgebung wahr. Durch diese Wahrnehmung ergibt sich ein Erkennen und Aufnehmen des unmittelbaren Stadt- oder Landschaftsraumes. Durch die Fenster empfängt der Lebensraum Informationen und die Energie, die sich daraus ergibt.

Was wird von den Fenstern aus gesehen und aufgenommen?
Welche Kraft kommt durch die Augen des Hauses in den Lebensraum und wie wird dieser dadurch erfüllt und bereichert?
Wie klar und gesund sind die Augen des Hauses? In welchem Zustand sind diese Augen, und werden sie gepflegt?

Was erkenne ich im Leben und wie und auf welche Art und Weise erkenne ich mich selbst und gebe mich anderen und dem Leben zu erkennen?

Die regelmäßige Pflege und Gesunderhaltung dieses Sinnesorganes spielt eine sehr wichtige Rolle im gesamten Energiehaushalt des Lebensraumes. Denn durch sie wird der gesamte Organismus und jeder einzelne Raum von außen mit Licht und natürlicher Kraft versorgt.

Das »Fensterputzen« sollte zum Wohle des Raumes und der Menschen zu einer regelmäßigen und sinnerfüllten Tätigkeit werden. Wenn Sie eine Brille tragen, würden Sie diese ja auch regelmäßig reinigen und pflegen, damit Sie klar und deutlich sehen können. Und wenn Sie keine Sehhilfe brauchen, wäre es sehr sinnvoll, Ihre gesunde Augenkraft zu erhalten.

Fördern und erhalten Sie die Strahlkraft und Gesundheit der Augen Ihres Lebensraumes, um klare und lichtdurchflutete Räume zu schaffen und jeden einzelnen Raum mit Licht und Leben zu erfüllen.

Der Verputz:
der Sensor und Filter, die Haut

Der Außenputz des Hauses und der Innenputz der Wände im Inneren
des Lebensraumes spiegeln uns die Haut des Menschen und die Haut
unserer Organe im Inneren unseres Körpers wider. Sie sind der sensible
Filter, der feinfühlig und empfangsbereit Informationen aus der Umwelt
aufnimmt, filtert und selektiert.

Aus was für einem Material besteht der Verputz? Zement, Kalk, Lehm?
Ist die Innenwand mit Holz, einer Tapete oder Gipskarton verkleidet?
Wie ist die Atmungsaktivität der Wände?
Ist der Außenputz mit einer Wärmeisolierung verkleidet?
Kann die Wand durch den Verputz atmen?
In welchem Zustand ist der Verputz? Wie fein oder grob ist der Verputz?
Gibt es Risse und/oder blättert er bereits ab?

Gibt es Löcher und Unebenheiten? Ist der Verputz einheitlich oder sind
im Laufe der Zeit verschiedene Putzarten angebracht worden?
Sind alle Räume gleichermaßen verputzt? Gibt es einzelne Räume mit
vielen Löchern und offenen Putzstellen?
Wie fühlt sich der Verputz an wenn Sie ihn berühren?
Was fühlen Sie dabei und wie geht es Ihnen wenn Sie die Haut Ihrer
Räume berühren?
Wie fühlt sich Ihre eigene Haut an und wie sehr pflegen und verwöhnen
Sie diese?

Ob innen oder außen, der Verputz steht für die Schutzfunktion des
gesamten Organismus, wie auch die Haut in und an unserem Körper.
Sie schützt uns vor Umweltbelastungen und ist zugleich ein Sinnesorgan für Empfindungen und Reize. Die Haut wie auch der Verputz
übernehmen ebenso die Aufgabe eines klärenden und regulierenden
Filters, der für einen wertvollen energetischen Austausch von innen
nach außen und von außen nach innen sorgt.

Wie die Haut des Menschen trägt der Verputz des Hauses sehr stark
zum Erscheinungsbild des gesamten Körpers bei. Der gesunde und
natürliche Zustand dieses Erscheinungsbildes fördert Ausstrahlungskraft und Vitalität des gesamten Organismus.

Die Wände: das Gerüst des Hauses, das Skelett, die Sehnen; die Festplatte

Das, was dem Lebensraum, sei es ein Haus oder eine Wohnung, Halt und Stabilität gibt, sind seine Wände, ebenso das Fundament und die Decken bzw. die Böden. Unabhängig davon, aus was für Materialien diese jeweils bestehen, sollten sie stabil und sicher beschaffen sein. Denn sie sind die tragenden Elemente Ihres Lebensraumes. Sie geben den Räumen Form und Größe, erschaffen Raum für Rückzug und Sicherheit, schenken Geborgenheit und vermitteln Wohlbefinden. Sie teilen den gesamten Lebensraum in Bereiche wie Erdgeschoß, Obergeschoß, Außen- und Innenbereich, Wohnbereiche, Arbeitsbereiche, persönliche Bereiche und offene Bereiche wie Treppenraum und Eingangsraum auf.

Aus welchen Materialien sind die Wände beschaffen?
Wie stark und stabil, gesund und lebendig wirken diese im Raum?
Wie ist das Skelett des Lebensraumes aufgebaut und unterteilt?
Gibt es sehr viele kleine und enge oder nur große und offene Räume?

Welche Sicherheit und Geborgenheit vermittelt die Anordnung der Wände im Raum?

Welche Formen und Arten von Räumen werden durch die Wände geschaffen?

Gibt es Zwischenwände und halbhohe Unterteilungen?

Wie sind die Übergänge und Verbindungen durch die Öffnungen der Türen?

Welche Größe und Erscheinung haben die Türen als Übergangs- und Öffnungsportal von Raum zu Raum?

Werden diese auch geschlossen und nur bei Bedarf geöffnet?

Die Wände übernehmen nicht nur eine Trägerfunktion im Lebensraum, sondern auch eine raumerschaffende Funktion. Sie unterteilen die einzelnen Räume und bekommen durch die »Abgrenzung« zu anderen Räumen eine selbständige Position. Das ist wie bei den menschlichen Organen, wo jedes für sich einen abgeschlossenen Raum bildet, um eigenständig arbeiten zu können, zugleich jedoch mit allen anderen Organen in Verbindung steht, um zum Wohle des gesamten Organismus zu wirken.

Wichtig ist, hierbei zu erwähnen, daß die Wände »atmen« können und nicht durch konventionelle Isolier- und Wärmedämmungsmaßnahmen vom Leben abgeschnitten werden. Der wichtige energetische Austausch von innen nach außen und von außen nach innen soll im Zusammenspiel mit dem Verputz kommuniziert und gelebt werden. In Verbindung mit dem Verputz spielt die Wandbeschaffenheit eine wahrhaft tragende und bedeutende Rolle für unsere Räume, ihre Größe und Formen.

Des weiteren übernehmen die Wände eine Speicherfunktion für Informationen, welche vom Lebensraum aufgenommen werden. Denn die Wände haben Ohren, wie uns ein altes Sprichwort sagt. Und diese Ohren nehmen Informationen des Außen- und Innenraumes auf und speichern diese in ihrem Körper und im Raum. Alle Geschehnisse, Ereignisse, Erlebtes und Erfahrenes wird hier aufgenommen, angesammelt und gespeichert. Die Wände und der Raum, der daraus entsteht, sind die Informationsträger des gesamten Lebensraumes.

Farben, Formen, Inneneinrichtung und Accessoires: der innere Schutz, die Ausstrahlung, die Bekleidung und der Schmuck

Für uns Menschen erfüllt die Bekleidung mehrere Zwecke. Zum einen ist sie ein Schutz für unseren Körper und unsere Haut, sie stärkt unser Wohlbefinden. Zum anderen kann sie unserer Individualität Ausdruck verleihen.

Meist kleidet man sich nach gesellschaftlichen Vorgaben, denn Kleider machen Leute. Selbstverständlich gibt es auch Modetrends, denen man Aufmerksamkeit schenkt und nach denen man sich richtet, ob es für einen persönlich stimmt oder nicht.

In der Lebensraumgestaltung ist es wichtig und sinnvoll, sich an der wahren Identität des Raumes zu orientieren. Diese erfährt man, indem man über die Wahrnehmung mit seinen Räumen kommuniziert und ihnen offen begegnet.

Wer seine Räume im Trend der Zeit gestalten will, müßte, um auch immer »up to date« zu sein, seinen Lebensraum alle paar Jahre den Trends anpassen. Die Individualität bleibt dann allerdings auf der Strecke.

Da unser Lebensraum der Spiegel unseres eigenen Wesens ist, betrachten Sie am besten zuerst einmal Ihren Kleiderschrank und das, was Sie darin vorfinden.

Fühlen Sie sich wohl und gestärkt mit dem, was Sie an Kleidung besitzen?

Verleiht es Ihnen Selbstwert und Selbstbewußtsein?

Wird Ihre Person und Individualität dadurch hervorgehoben und betont?

Sind Sie eher eine »graue Maus«, ein »bunter Vogel« oder ein Individualist?

Aus was für Materialien besteht Ihre Bekleidung? Kunstfaser, Naturstoffen, Leder, Samt und Seide?

Wie viel Wert legen Sie auf Ihre Kleidung?

Fühlen Sie sich wohl in Ihrer »zweiten Haut«? Sind Sie das, was Sie bekleidet?

Oder würden Sie in Wirklichkeit lieber etwas anderes tragen?

Kleiden Sie sich, wie Sie es aus sich heraus möchten, oder rebellieren Sie gegen bestimmte gesellschaftliche, betriebliche oder familiäre Regeln?

Nun betrachten Sie in aller Ruhe und Offenheit Ihre eigenen Lebensräume.

Wie sind sie bekleidet?

Mit welchen Farben, Formen, Bildern, Stoffen, Vorhängen, Böden, Möbeln, Lampen, Türen usw. sind sie eingerichtet und gestaltet?

Wie sehen Sie sich selbst darin gespiegelt?

Wie würden Sie Ihre Einrichtung bezeichnen: streng, leger, locker, leicht, schwer, dunkel, hell, schwarz-weiß, bunt, farblich abgestimmt, harmonisch, disharmonisch, ausgeglichen, kühl, warm, wohlwollend, kraftvoll, gesund, abartig, nicht stimmig, fremd, eigenartig, einladend, als der Spiegel Ihrer Selbst?

Fühlen Sie sich wohl in Ihrem Lebensraum? Wird jeder Raum gleichermaßen belebt? Gibt es »vergessene« und nicht belebte Räume oder Teilbereiche? Welche Lieblingsräume haben Sie und warum? Haben Sie häufiger Besuch, und wie geht es Ihren Gästen? Bleiben diese gerne und lange?

Alle Accessoires tragen zum äußeren und inneren Erscheinungsbild Ihres Lebensraumes und letztendlich zu Ihrem Wertgefühl und Ihrem persönlichen und individuellen Erscheinungsbild bei.

Raumgestaltung berührt die Seele des Menschen und des Raumes gleichermaßen. Je natürlicher, kraftvoller, abwechslungsreicher und ausdrucksstärker alle Farben, Lampen, Möbel, Einrichtungsaccessoires und Materialien sind, desto natürlicher und gesünder ist der Lebensraum. Dadurch überträgt er diese natürliche Kraft auf die Menschen, die in diesen Räumen leben.

Die gestellten Fragen in diesem Abschnitt sollen Ihnen kein schlechtes Gewissen vermitteln oder Sie bestätigen, sondern vielmehr eine Möglichkeit bieten, mit der Wahrnehmung Ihrer fünf Sinne Ihrem inneren und äußeren Raum neu zu begegnen und vielleicht Schritt für Schritt durch Gestaltung individuell erscheinen und wirken zu lassen.

Das Dach: der Schutz, das Dach über dem Kopf, der Hut unseres Hauptes

»Damit uns der Himmel nicht auf den Kopf fällt«, ist eine berühmte Aussage in einer bekannten Comic-Reihe. Diese Aussage beschreibt die Tatsache, daß wir unser Haupt vor Regen, Schnee, starker Sonneneinstrahlung und anderen Witterungseinflüssen schützen wollen, um unsere Räume und uns selbst vor Nässe, Hagel, Kälte und Hitze zu bewahren. Das Dach steht symbolisch für die Kopfbedeckung des Hauses.

In was für einem Zustand befindet sich dieser Hut?
Ist er dicht und kann er schwerere Lasten aus Schnee tragen?
Ist die Bedeckung aus Dachziegel, Schiefer, Stroh, Metall noch dicht und schön anzusehen?
Wie stabil ist der Dachstuhl, das tragende Element der Bedachung selbst?

Bietet er zusammen mit der Bedachung ausreichend Schutz vor Wind und Wetter?

Wie viel Dachöffnungen (Dachfenster) gibt es und wie gut sind sie gestaltet und in die Haut des Daches integriert?

Sind sie dicht und klar?

Oder ist das Dach geschlossen und befinden sich die Fensteröffnungen in den Wänden, so wie die Augen beim Menschen.

Dachfenster versinnbildlichen die Öffnung nach oben, gen Himmel, richten ihre Augen auf die göttlichen Prinzipien und Gesetzmäßigkeiten.

Unabhängig davon, ob Ihr Haus ein Satteldach, Pultdach, Flachdach oder Walmdach hat, ist es die Kopfbedeckung und der Schutz Ihres Hauses und Lebensraumes.

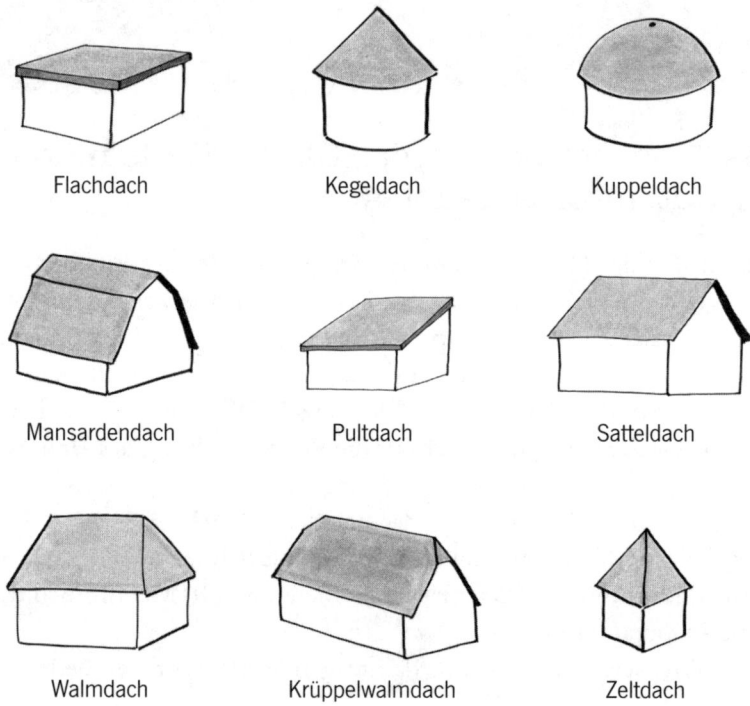

Flachdach   Kegeldach   Kuppeldach

Mansardendach   Pultdach   Satteldach

Walmdach   Krüppelwalmdach   Zeltdach

Der Dachboden:
das Haupt, das Denken

Dieser Bereich steht für den Geist, das Denken und das »Überbewußt-sein« des Hauses. Dieser Raum versinnbildlicht die Zukunft und den zukünftigen Weg. Er spiegelt den Pfad, der gegangen werden will. Der Dachboden ist die unmittelbare Verbindung zum Himmel. Er steht für die Öffnung nach oben, die Vereinigung von Geist und Kosmos, von individuellem Denken und den universellen Gesetzen. Es ist die Öffnung zum Göttlichen und der Schöpfungsraum unseres Gottvertrauens.

Wie ist der Dachstuhl aufgebaut?
Wie stabil und sicher ist er?
Welche Form und Größe hat dieser Raum? Gibt es einen Dachboden, ein Dachgeschoß?
Wie ist dieser Bereich ausgebaut? Ist es ein einziger offener Raum oder ist dieser Bereich in mehrere Räume aufgeteilt?

Welche Rolle spielt dieser Bereich? Wie wird das Dachgeschoß genutzt? Was wird dort gelagert?

Wie viel Freiraum hat der Dachboden? Gibt es genügend Fenster? Ist dieser Raum von Licht und Klarheit durchdrungen?

Wie angenehm riecht dieser Raum? Wie sauber, ordentlich und übersichtlich ist er gestaltet? Fühlt man sich dort frei und unabhängig?

Wie gerne begegne ich diesem Bereich? Wie fühlt sich die Begegnung an?

Wie frei bin ich dort in meinem Denken? Wie frei bin ich in meinem Denken allgemein?

Welche Raumgröße hat mein Geist? Wie aktiv ist mein geistiges Potential? Wie ist meine Verbindung zum Göttlichen?

Unabhängig, wie dieser Raum gestaltet ist und was er beinhaltet, ist er das Haupt, das Denken. Die Qualität und die Kraft, die von den Räumlichkeiten des Dachbodens ausgeht, nehmen Einfluß auf unser Denken, unser geistiges Potential, unsere Vorstellungskraft und letztendlich auf unsere Zukunft.

In vielen Häusern gibt es keinen Dachboden mehr. Hier haben die Räume des Obergeschosses eine direkte Verbindung mit dem Dach. In diesem Fall vereinigt sich das Obergeschoß mit dem Dachgeschoß. Die erhöhte Ebene des Erdgeschosses geht eine Verbindung ein mit der Ebene des Dachgeschosses.

Das geistige Raumpotential des Dachbodens verschmilzt sozusagen mit den einzelnen Themen des Obergeschosses im Lebensraum.

Eingang und Flur:
die Aufnahme, der Rachenraum

Eingang und Flur symbolisieren den Rachenraum und den Gaumen des Hauses. Ebenfalls stehen sie für die Kontaktfreudigkeit nach außen.

Was spricht aus diesem Raum und was nehme ich als erstes wahr, wenn ich ihm begegne?

Wie groß und geräumig ist er? Wie hell oder dunkel erscheint er? Auf welche Art und Weise ist er gestaltet und eingerichtet?

Kann man ihn ungehindert begehen?

Herrscht Ordnung und Sauberkeit? Oder ist der Raum immer voll und kann nichts mehr aufnehmen?

Welcher Geruch empfängt mich in diesem Raum? Ist er wohltuend oder ist er abweisend wie Mundgeruch?

Wie viel Nahrung (Energie) kann der Raum aufnehmen? Wie wird diese Nahrung weiterverteilt und wie leicht oder beschwerlich ist der weitere Weg?

Wie kontaktfreudig ist dieser Eingangsbereich? Möchte er Freunde empfangen? Stellt sich ihm vielleicht etwas in den Weg? Wie herzlich heiße ich mich selbst und andere willkommen?

Gibt es eine Glocke, die erklingt, wenn sich jemand ankündigt? Funktioniert sie und welchen Klang hat sie? Ist er wohltuend oder störend?

Gibt es einen Segens- oder Willkommensgruß oder ein Bild in diesem Raum, der Sie und all Ihre Gäste beim Hineingehen begrüßt? Welches Licht und welche Farben empfangen mich und alle Besucher?

Der Eingangsbereich ist sozusagen die »Visitenkarte« Ihres inneren Lebensraumes. Dieser Bereich sollte neugierig machen, damit man Lust bekommt, weiterzugehen, um die anderen Räume sehen zu können. Hier wird man empfangen und abgeholt, geführt und begleitet. Der Eingangsbereich sollte Vertrauen, Behaglichkeit und Geborgenheit vermitteln. Denn bereits mit dem ersten Schritt über die Schwelle der Haustür beginnt der Übergang und die Begegnung mit dem inneren Raum. Es ist eine Art Rückkehr in den Mutterleib. Darum sollte uns keine dunkle und beengende Nische empfangen, die wir entweder gar nicht oder nur sehr schnell durchschreiten. Vielmehr ist dieser Bereich die Empfangshalle, die Vorbereitung auf das innere Paradies unseres inneren Lebensraumes, das Tor zu unseren »heiligen Räumen«.

Die Küche:
die Umsetzung, der Magen

Die Küche steht symbolisch für den Magen des Hauses und das nährende Prinzip und damit auch für die mütterliche Fürsorge.

Wie nähre ich mich bzw. wie werde ich genährt?
Kann ich die Nahrung würdigen?

Das Urvertrauen des Menschen hängt sehr stark von dem Genährtwer-
den in den ersten Lebensmonaten eines Kindes ab.

Wie steht es um meine Zuversicht und mein Selbstvertrauen?
Welche Ernährungsgewohnheiten habe ich und wie gesund ernähre ich
   mich?
Wie viel Liebe und Genuß kann ich dem Essen entgegenbringen?
Wie ist die Küche dahingehend gestaltet? Vermittelt sie Urvertrauen,
   Geborgenheit, und Fürsorge?

Lädt sie ein zum Kochen und Backen? Schenkt sie den Lebensmitteln und deren Zubereitung Raum und Aufmerksamkeit?
Können sich die Bewohner mit ihrer Küche wirklich selbst versorgen? Können sie mit ihr umgehen und sie beleben?
Wird die Küche wirklich genutzt und mit ihr gearbeitet oder ist sie ein repräsentatives und steriles Maskengebilde eines nicht vorhandenen Selbstvertrauens?

Die Küche repräsentiert den Wohlstand, und gesunde Nahrung fördert die Gesundheit. Je besser und gesünder die selbst zubereitete Nahrung ist, desto fähiger wird der Mensch, sein Vermögen, seinen immateriellen und materiellen Wohlstand zu erhöhen.

Die Küche schenkt durch ihre lebendige Aktivierung Selbstvertrauen und Selbstbewußtsein, denn Nahrungsversorgung und Nahrungszubereitung gehören zu den wichtigen Überlebensinstinkten des Menschen.

Das Eßzimmer:
das Erschließen, der Darm

Das Eßzimmer steht sinnbildlich für den Darm. Die Nahrung verläßt
den Magen, und die Nährstoffe werden über den Darm dem Körper
zugeführt. Es ist der Ort, wo die Inhalte der Nahrung vom Körper aufgenommen werden.

Welche Inhalte und Informationen werden im Eßzimmer aufgenommen?
Trifft sich dort die Familie zum gemeinsamen Essen und Gesprächen
an einem Tisch? Kann die familiäre Gemeinschaft dort gelebt werden?
Welche Qualitäten hat die familiäre Begegnung? Wird der Raum auch
für Feiern und Feste mit anderen genutzt?
Sind sie dort auch willkommen und eingeladen?
Über welche Themen mit welchen Inhalten wird sich dort ausgetauscht? Wie ist das Niveau der Gespräche und der Begegnungen? Wie
wird jeder Beteiligte dadurch genährt und gestärkt?

Wird sich Zeit genommen, hier gemeinsam zu speisen, das Nährende in Ruhe aufgenommen und die Verbundenheit in der Gemeinschaft gelebt?

Das Eßzimmer steht symbolisch auch für Geselligkeit, Gemeinsamkeit, Zusammenkunft und Begegnung. Es ist der Ort, wo alle zusammenkommen können und gemeinsam zu Tische sitzen. Hier wird die Nahrung geteilt und miteinander aufgenommen. An diesem Ort werden die erschaffenen »Schätze« der Küche mit Freude und Genuß aufgenommen. Es ist der Ort der Nahrungsaufnahme, die Tankstelle, die uns körperlich, geistig und seelisch nähren kann.

Das Wohnzimmer:
das Zentrum, das Herz

Der Wohnraum bestand früher aus einem Raum, der Küche, Eßzimmer und Wohnzimmer in einem war. Dort fand das soziale Leben statt. Der Alltag und das Familienleben wurden in einem Raum gelebt. Dieser Raum steht sinnbildlich für das Zentrum und das Herz des Hauses. Da diese Dreiheit (Kochen, Essen, Wohnen) heute sehr oft auf verschiedene Räumlichkeiten aufgeteilt ist, gilt es zu beobachten, wie diese Räume genutzt werden.

Welche wurden zusammengelegt?
Zum Beispiel findet man häufig Küche und Eßzimmer oder Eßzimmer und Wohnzimmer in einem Raum.

Welche Gewichtung wird welchem Raum beigemessen?
Gibt es ein separates Wohnzimmer?

Wird dieser Raum überhaupt genutzt? Oder ist das Herz des Hauses nur an bestimmten Tagen im Jahr geöffnet?

Wird es nur an Feiertagen und Festlichkeiten geöffnet oder wird es in die Gemeinschaft des Hauses mit eingebunden?

Welche Ausstrahlung und Herzlichkeit empfängt mich in diesem Raum? Hält man sich dort gerne auf?

Das Wohnzimmer dient der Erholung und Entspannung, dem geselligen Beisammensein.

Welche Bedeutung hat dieser Raum in Ihrem Lebensraum?

Dient Ihnen dieser Raum zum Wohlfühlen und für die Ruhe oder als Treffpunkt für Familie und Freunde?

Was ist der Mittelpunkt, das zentrale Thema des Raumes, ein Fernseher, ein Familienbild, ein Erinnerungsstück, ein bestimmtes Möbelstück, das Gespräch in der Gemeinschaft?

Das Wohnzimmer ist der Herzplatz des Hauses, der Mittelpunkt. So, wie die Sonne der Mittelpunkt unseres Sonnensystems ist, die unserer Erde Licht und Wärme schenkt, so darf auch das Wohnzimmer Licht und Wärme in die Herzen der Menschen bringen, die diesem Raum begegnen. Dieser Raum darf strahlen wie die Sonne und unseren Alltag erhellen. Es ist ein Ort, der uns jeden Tag, an dem wir uns in ihm befinden, einen Sonnentag, einen Sonntag schenkt.

Das Schlafzimmer:
die Vereinigung, die Sexualorgane

Dieser Raum repräsentiert Partnerschaft und Beziehung, ebenso Sexualität und Fortpflanzung.

Wie wird dieses Lebensthema ausgelebt?
Kann sich dort Körper, Geist und Seele entspannen?
Wie stehen die Betten (zueinander, voneinander entfernt)?
Kann ich mich dort fallenlassen? Wie schlafe ich dort (Träume, Schlaflosigkeit)?
Wie kann die Sexualität dort ausgelebt werden? Gibt es ein Sexualleben?
Wie kann sich in diesem Raum die Liebe entfalten?
Welche Größe hat der Raum im Verhältnis zu den anderen Räumen? Ist er klein und eng oder überdimensional groß, und man verliert sich in ihm?
Wie ist das Schlafzimmer gestaltet und eingerichtet?

Welche Farben sind an den Wänden und welche Lichtquellen sind vorhanden?

Gibt es einen Fernseher, einen Computer oder ein Telefon in diesem Raum, die Spannung und Nervosität erzeugen?

Das Schlafzimmer ist ein Ort der Aktivität (Sexualleben) und der Passivität (Schlaf und Erholung). Beide Kräfte und Qualitäten sollten diesem Raum innewohnen und den Menschen zur Verfügung stehen. Dieser Raum steht für Intimität und eine tiefe innige Verschmelzung zweier Menschen. Hier wird die Begegnung mit Liebe und tiefem Vertrauen, verbunden mit körperlicher Lust, herzlicher Leidenschaft sowie intensiver Seelenvereinigung gelebt und erfahren. An diesem Ort kann man sich hingeben und fallenlassen, sich vertrauensvoll in die Hände des Partners begeben und sich dem anderen vollständig öffnen und innere Unsicherheit und Verletzungen heilsam offenbaren.

Das Schlafzimmer ist der Ort, an dem man voll Vertrauen seine äußeren und inneren Hüllen und Schutzschilder ablegen kann. Hier kann man sich »nackt« und entblößt zeigen. Hier verhüllen keine Kleider, sondern man darf die Wahrhaftigkeit seines Selbst zeigen und dem Partner in seiner Wahrhaftigkeit begegnen.

Das Kinderzimmer:
das Wachstum, die Zellen

Das Kinderzimmer entspricht den Zellen unseres Körpers. Unsere Zellen erneuern sich ständig, und es werden immer wieder neue produziert. Es befindet sich alles im Wachstum, so wie die Kinder. Denn Wachstum ist Fortschritt, und Fortschritt heißt Bewegung.

Gibt es ein Kinderzimmer? Wenn nein, vielleicht einen Hobby- oder Fitnessraum?

Auch hier entsteht etwas Neues, wird kreativer Wille in die Tat umgesetzt und Entwicklung gefördert.

Wie ist der Raum gestaltet? Darf man dort auch wirklich Kind sein?
Kann auch der Erwachsene sein eigenes, inneres Kind dort ausleben?
Wie gut kann er seinen Ideenreichtum und seine Schöpferkraft in sein Leben integrieren und Neues entstehen lassen?

Kinder sind in ihrem Wesen kreativ, intuitiv, handeln aus ihren Gefühlen heraus und reagieren eher spontan und instinktiv. Die Thematik der Kreativität und Intuition, die Verspieltheit und ein grenzenloses Vertrauen werden diesem Bereich zugeschrieben.

Falls es keinen Raum geben sollte, der diesen Qualitäten die Möglichkeit gibt, sich im Lebensraum zu entfalten, kann man sich auch einen Bereich schaffen, der einen an die eigene Kindheit und frühere Lebensträume erinnert. Dadurch kann man wieder lernen, mit den Augen eines Kindes zu sehen, und die Leichtigkeit des Seins im Leben wieder neu entdecken.

Dieser Bereich dient als Nahrungsquelle für alles, was zu Wachstum, Veränderung, Entwicklung, Intuition, Selbstfindung und wahrer Identität führt. Wie die Zellen in unserem Körper sich erneuern, kann neue Kraft, Lebenssinn und Vertrauen im eigenen Leben erneuert, belebt und ausgebildet werden.

Ein Kinderzimmer birgt eine sehr große Flexibilität in sich. Denn es ist Schlafplatz, Spielwiese und Schreib-, bzw. Lernzimmer in einem. In einem Kinderzimmer steht sehr oft ein Bett, ein Kleiderschrank, eine Spielkiste sowie ein Schreibtisch und ein Stuhl. Dieser Raum muß sehr viel in sich vereinen und hat die Aufgabe, all diese Bereiche zu beherbergen. Es herrscht sehr viel unsichtbare Aktivität.

Um all das im Einklang zu halten, wäre es sinnvoll, vor allem den Schlafbereich des Kindes durch Gestaltung optisch vom Rest des Raumes zu »trennen«, um hier für das Kind einen eigenen Raum zu schaffen. Ebenso kann man mit dem Bereich der geistigen Aktivität verfahren und den Schreibtischraum individuell auf die Bedürfnisse des Kindes zuschneiden.

Der Arbeitsraum:
die Muskeln, die Aktivität

Die Bezeichnung »Arbeitsraum« bezieht sich auf Räumlichkeiten wie
ein Büro oder auch Hauswirtschaftsraum. Ein Raum, in dem bestimmte
Arbeiten erledigt und abgeschlossen werden. Dieser Raum fordert oft
Tätigkeiten, die nicht gerne erledigt werden, aber er dient in der Regel
dazu, das Leben in vielen anderen Bereichen zu ergänzen und zu erfüllen.
Es ist ein wichtiger Bereich, der sowohl den geistigen (Büro) als auch
den körperlichen (Wirtschaftsraum) Einsatz fördern sollte, so daß man
diesem Raum auch gerne begegnet.

Gibt es so einen Raum? Wie ist er eingerichtet und gestaltet?
Fühlen Sie sich wohl darin? Kann der Raum durch sein Erscheinen
    Ihnen etwas geben?
Gibt es Bilder und Farbe an den Wänden? Wie hell und Licht durchflutet
    ist er? Wie aufgeräumt und strukturiert ist sein Innenleben?

Wenn es sich um einen Hauswirtschaftsraum handelt, mit Waschmaschine, Trockner, Gefriertruhe, Nähmaschine usw., wie sieht es mit der Sicherheit aus? Können alle Arbeiten reibungslos vollbracht werden?

Gibt es immer wieder Komplikationen oder Mißgeschicke beim Arbeitsablauf?

Wie sauber ist der Raum und wie sauber kann dort alles erledigt werden?

Wie ist das Ergebnis der Arbeit? Sehr gut oder weniger befriedigend?

Mit welcher Freude machen Sie dort die anfallenden Tätigkeiten?

Auch wenn es sich hier nur um einen »Hauswirtschaftsraum« handelt, geht es hier um Wirtschaftlichkeit und Funktionalität. Es ist ein Raum, der Effizienz und Gewinn an Zeit und Werten vermittelt, die er auf alle anderen Lebensbereiche überträgt. Hier sollte Sauberkeit und Ordnung sehr groß geschrieben werden, denn dadurch wird effektives und wirtschaftliches Handeln sowie Sparsamkeit gefördert.

Wenn Sie über einen Büroraum in Ihrem Haus verfügen und diesen auch haupt- oder nebenberuflich nutzen, sollten Sie sich bewußt sein, daß dieser Raum einen großen Wert für Sie darstellt. In diesem Fall ist das Büro eine Quelle, die für den Lebensunterhalt und die Versorgung der Familie sehr wichtig ist.

Haben Sie wirklich einen Raum dafür oder ist es nur eine Nische in einem anderen Zimmer?

Welche Größe hat dieser Raum? Welche Größe gestehen Sie ihm zu?

Welche Fülle kann dieser Raum aufnehmen?

Wie wichtig ist Ihnen dieser Raum und wie wichtig ist Ihnen das Ergebnis, das aus Ihrer Tätigkeit dort entsteht?

Können Sie dort ungestört und konzentriert sowie kreativ arbeiten?

Wo befindet sich das Büro? Im Dach-, Ober-, Erd- oder gar im Kellergeschoß?

Wie leicht oder beschwerlich gelange ich an diesen Arbeitsplatz?

Wie ist der Weg dort hin und der Raum selbst gestaltet?

Wie wertvoll ist er eingerichtet? Welche Qualität haben die Möbel, Ihr Bürostuhl und Ihre Arbeitsgeräte, wie PC, Telefon, Fax, Drucker usw.?

Herrscht hier Ordnung oder Chaos? Wie frei und aufgeräumt ist Ihr Arbeitstisch? Können sich hier neue und herausragende Ideen entwickeln und Realität werden?

Wie leicht geht die Arbeit von der Hand? Wie frei und konzentriert ist Ihr Geist?

Wie übersichtlich sind die Unterlagen für Ihre Tätigkeit, der Finanzen und Versicherungen untergebracht?

Wie leicht können Sie diese finden und wie sind diese archiviert?

Fühlen Sie sich in Ihrem Büro wohl und angespornt zu frischen Taten? Oder sind Sie froh, es so schnell wie möglich wieder verlassen zu können?

Wenn dieser Raum für den Haupt- oder auch Nebenerwerb genutzt wird, wäre es sehr sinnvoll, ihm einen angemessen Platz im Haus zu geben, ebenso eine stimmige Raumgröße und entsprechende Einrichtung. Vermeiden Sie, wenn möglich, Ihre Erwerbsquelle im Keller zu plazieren, sondern geben Sie ihm einen wichtigen Platz in den oberen Bereichen des Hauses. Falls nötig bauen Sie den Dachboden aus, denn es soll das aufsteigende Prinzip der beruflichen Tätigkeit genutzt werden. Mehr dazu erfahren Sie bei der Beschreibung des Kellers und des Dachbodens.

Die Speisekammer:
die Vorsorge, das Fettpolster

Hier werden die Vorräte gelagert. Dieser Raum steht für das Fettpolster
des Hauses.

Wie groß ist dieser Raum und was wird dort gelagert?

Wie verwalte ich meine Vorräte bzw. wie ist der Umgang mit meinen
Reserven? Kann ich gut haushalten?

Welcher Wert wird diesem Raum beigemessen?

Wie übersichtlich ist alles untergebracht?

Gibt es dort Dinge, die schon längst abgelaufen und/oder überflüssig
sind? Gibt es Ballast (überflüssiges Fett), das diesen Raum belastet?

Welche Art von Lebensmitteln wird dort gelagert? Wie gesund und wertvoll sind diese?

Welche Auswirkung hat das auf meine Ernährung und Gesundheit?

Wie hell, trocken, sauber und gelüftet ist dieser Raum?

Wird dieser Raum regelmäßig »entschlackt«, gereinigt und Abgelaufenes
entsorgt?

Ob Sie über eine Speisekammer verfügen oder aber Ihr »Vorratsraum«
in die Küchenzeile eingegliedert ist, das Thema selbst verändert sich
dadurch nicht. Es sollte dieser Raum mit einer vernünftigen und gesunden Vorratshaltung belegt sein. Keine Überfüllung und auch keine hun-
gernde Leere sollten diesen Raum ausmachen. Denn am besten ist in
allen Dingen das rechte Maß.

Es sind Ihre Reserven, die Sie hier lagern und verwalten, Reserven, auf
die Sie bei Bedarf zurückgreifen können. Hier sollte ein gesunder und
regelmäßiger Austausch von Entnahme und Wiederauffüllen stattfinden.
Keine unnötige und übertrieben ängstliche Einlagerung sollte diesen
Raum und letztendlich Sie selbst auf körperlicher, geistiger und seelischer Ebene belasten.

Die Speisekammer spiegelt den Umgang mit und das Verwalten von
Werten, vor allem im finanziellen Bereich, wider.

Das Bad:
die Reinigung, die Nieren

Dieser Raum steht für die Reinigung des Körpers, sowohl innen wie
außen. Hier wird der »Schmutz« des Körpers abgegeben. Dies ist der
Ort, an dem man sich wieder frisch machen kann. Man darf ein »Bad
nehmen« und kann sich alles Alten und Verbrauchten entledigen.

Das Bad dient auch der Erholung und Entspannung. Für gewöhnlich
ist dieser Raum der erste, den wir morgens betreten, und der letzte, den
wir vor dem Schlafengehen verlassen.

In welcher Umgebung beginne ich den Tag und wie schließe ich ihn ab?
Wie viel Wert wird diesem Raum beigemessen? Wie lange kann ich dort
   verweilen?
Empfängt er mich einladend oder ist er rein zweckmäßig ausgelegt?
Wie sauber und frei fließt dort das Wasser?
Ist alles rein und klar oder verschmutzt und verkalkt?

In welchen Zustand sind die Armaturen, das Waschbecken, die Dusche
und Badewanne sowie die Wand- und Bodenfliesen?
Wie angenehm ist dieser Raum gestaltet?
Gibt es Bilder und Photos an den Wänden? Sind Pflanzen vorhanden?
Ist die Beleuchtung gut und hell ausgelegt?
Welcher Geruch oder Duft erfüllt diesen Raum?
Wie ist der erste Eindruck, wenn ich mich ins Bad begebe?

Das Bad sollte nicht nur Ort der inneren und äußeren Reinigung sein,
sondern auch ein Ort der Erholung und Entspannung. Hier darf man
die Seele baumeln lassen und den Alltag für eine gewisse Zeit vergessen.
Ein Bad nehmen sollte nicht nur der Zweckmäßigkeit dienen, sondern
Nahrung für die Seele sein.

Dieser Raum sollte von seiner Gestaltung her Urlaubsstimmung und
freie Zeit vermitteln und somit eine Oase für alle Sinne sein. Eigene
Urlaubs- und Landschaftsbilder aus einer unbeschwerten Zeit sowie
Accessoires von Muscheln und Sand können diese Stimmung hervorra-
gend in den Raum hineintragen.

Ebenso können durch einen Dimmer die Lichtverhältnisse je nach Lust
und Laune verändert werden.

Die Toilette: das Loslassen, der persönliche Ausdruck, die Ausscheidungsorgane

Die Toilette versinnbildlicht den Enddarm und After. Dort wird das, was nicht mehr gebraucht wird, ausgeschieden und weggespült. Hier kann man die Dinge zum »Ausdruck« bringen, die sich in einem gebildet haben. Man darf sich lösen von allem Alten und von dem, was sich angesammelt und die nährenden Stoffe bereits abgegeben hat.

Wie, auf welche Art und Weise werden meine persönlichen und intimen
    Dinge zum Ausdruck gebracht?
Wie kann ich die Reste der aufgenommen Nahrung wieder abgeben?
Wie leicht fällt es mir, die Dinge loszulassen, die ich nicht mehr brauche?
Wie hygienisch und rein ist dieser Raum?
Fühle ich mich dort sicher und geborgen, um mich zu öffnen und mein
    Innerstes ausscheiden zu können?
Kann man dort ungestört sein »Geschäft« verrichten?

Ist es »das« stille Örtchen im Lebensraum, wo man wirklich ungestört sein kann?

Die Toilette kann auch als persönlicher und intimer Rückzugsort bezeichnet werden. Es sollte hier eine Atmosphäre von Wohlbefinden, Vertrauen und Abgeschiedenheit vorzufinden sein, damit man sich ganz auf sich selbst und sein »Geschäft« einlassen kann. Hier gibt man einen Teil von sich preis und auch ab. An diesem Ort wird sozusagen ein »Problem« zum Ausdruck gebracht und dem Lebensfluß zurückgegeben.

Je größer und schöner dieses Ergebnis des eigenen Ausdrucks in ungestörter und geborgener Atmosphäre ist, desto mehr Erleichterung und Wohlgefühl durchströmt einen nach seiner Vollendung. Dieses Kunstwerk, das geschaffen wurde, sollte nicht als schmutzig und stinkend angesehen werden, sondern vielmehr als persönliches Werk, welches im Inneren des Körpers geschaffen wurde und nun nach außen in Erscheinung tritt.

Die Treppe:
das Rückgrat, die Wirbelsäule

Die Treppe symbolisiert die Wirbelsäule. In alten Bauernhäusern findet man die Treppe meistens im hinteren Bereich des Hauses, in der Regel mittig ganz am Ende. Sie bildet das Rückgrat des gesamten Lebensraumes.

In welchen Bereich liegt Ihre Treppe?

Welche Größe und welche Form hat sie? Aus was für einem Material wurde sie errichtet?

Kann man bequem und sicher die Zimmer in den anderen Geschossen erreichen? Wie lebendig, flexibel bzw. stabil wirkt die Treppe?

Ist es eine Wendeltreppe oder eine gerade verlaufende Treppe?

Ist sie aus Holz oder Beton, offen oder geschlossen?

Wie breit ist die Treppe und wie leicht oder beschwerlich ist sie begehbar?

Sind die einzelnen Stufen tritt- und rutschfest? Bietet die Treppe Sicherheit und Halt?

Die Treppe steht für den Übergang von einer Ebene zur anderen. Sie ist die Verbindung von Erde und Himmel. Man begibt sich durch sie in eine andere Ebene des Lebensraumes. Die Treppe sollte festen Boden unter den Füßen bieten und Sicherheit und Vertrauen beim Begehen vermitteln. Der Gang nach oben und unten sollte selbstverständlich und sicher vollzogen werden können. Offene Treppen und Wendeltreppen bieten durch ihre Bauweise nicht die Qualität wie geschlossene und gerade bzw. Viertel- oder Halbbogentreppen. Eine geschlossene Treppe wäre die idealste und kraftvollste Verbindungssäule Ihres Lebensraumes.

Das Treppensteigen sollte nicht beschwerlich und anstrengend sein und selbst beim Hinabgehen sollte durch die Raumgestaltung das Gefühl vermittelt werden, daß eine Kraft nach oben drängt. Dies ist durch Bilder oder Farbgestaltung möglich. Denken Sie bei der Treppenwandgestaltung an ein aufsteigendes Prinzip.

Der Keller:
das Vergessene, das Unterbewußtsein

Alles Unbewußte und Verdrängte befindet sich in den Kellerräumen. Der Keller spiegelt die (angesammelte) Vergangenheit wider. All das, von dem man sich »eigentlich« trennen will, wird erst einmal in den Kellerräumen zwischengelagert, damit man es dann irgendwann vielleicht entsorgt. Noch kann man nicht loslassen, und im Verborgenen schlummert es dann bis zu jenem Tag, an dem man diesen unteren Räumen mit bewußter Entrümpelungsenergie wieder neu begegnet. Der Keller symbolisiert ein verdecktes Bewußtsein, Themen und Inhalte, die einen zwar nicht mehr belasten oder bedrängen, die aber immer noch ein Teil des Lebens sind.

Der Übergangsraum von Bewußtwerdung bestimmter Lasten und dem Freigeben dieser Energien ist der Keller in unseren Lebensräumen.

Was liegt dort im Verborgenen? Traut man sich, in den Keller zu gehen? Wie fühlt sich der Weg nach dort unten an?

Wie sicher fühle ich mich auf diesem Weg? Welche Gerüche und Empfindungen nehme ich auf diesem Weg und in den Räumen wahr?

Auf welche Art und Weise zeigt sich das Vergangene? Was will ich dort vielleicht verstecken? Welche Dinge will ich »eigentlich« loswerden?

Was ist zwar in Vergessenheit geraten, aber immer noch allgegenwärtig? Wie lange habe ich diese Räume schon nicht mehr bewußt besucht? Wie sieht es dort aus? Wie hell oder dunkel, ordentlich oder chaotisch, frei oder überfüllt sind diese Räume?

Welches Gefühl durchdringt mich, wenn ich an die Kellerräume denke bzw. diese begehe? Welche Dinge lagern dort, die ich schon mehr als ein Jahr nicht mehr gebraucht habe? Für wen oder was hebe ich sie auf? Für die Nachwelt?

Welchen Wert messe ich den Kellerräumen bei? Welche Beachtung schenke ich diesem Bereich meines Lebensraumes?

In vielen neuen Häusern gibt es sehr oft keine Kellerräume mehr. Zwar ist die verstandesmäßige Begründung eine finanzielle, man will eine kostengünstige Bauweise realisieren, aber unbewußt will man frei sein von »Altlasten«, die man in die neuen Lebensräume nicht mehr mitnehmen will. Man gibt diesem Bereich keinen Raum, um dem Verdrängten nicht die Möglichkeit zu geben, dort zu wohnen. Man lebt im Hier und Jetzt, spontan und voll Vertrauen. Die Vergangenheit ist vergangen, und das Haus wird nicht von einem Keller getragen, sondern direkt von der Erde. Es ist eine Art Loslösung von dem, was über Generationen vererbt wurde und belastend und unbewußt einwirkt. Der fehlende Kellerraum scheint die Möglichkeit zu schaffen, einen Schnitt zu machen und sich von der eigenen Vergangenheit zu befreien.

Garage, Carport:
die Fortbewegung, emotionale Unabhängigkeit

Die Garage symbolisiert die seelische Freiheit in unserem Leben. Sie zeigt uns das, was auf der psychischen Ebene nach außen hin, in materieller Form gezeigt werden will. In diesem Raum befindet sich unsere emotionale Unabhängigkeit und Freiheit.

Hier wird der Schatz behütet, der es uns ermöglicht, selbständig unseren eigenen Weg, unabhängig von anderen zu erfahren. In diesem Raum erkennen wir die Gewichtung in unserem Leben hinsichtlich Eigenständigkeit, Freiheitsdenken, Selbständigkeit und Selbstbestimmung, aber auch Statusdenken, Übertreibung, Minderwertigkeitskomplexen, Unsicherheit und vorgetäuschter Selbständigkeit.

Was ist in diesem Raum zu sehen?
Was für einen wahren Schatz oder auch belastenden Wert beinhaltet dieser Raum?

Wie sauber und ordentlich ist es dort?

Welcher Wert wird diesem Raum und seinem Inhalt beigemessen?

Spiegelt dieser Wert die eigene und wahre Größe oder die eigene Unsicherheit?

Zu jener Zeit, als größtenteils gemauerte Garagen, fast kleine Häuser gebaut wurden, war das Automobil Statussymbol und ein Ausdruck von »Macht« und »gespielter« Größe. Heutzutage gibt es sehr oft Carports, in denen das Automobil einen Unterstand und Schutz vor Wind und Wetter findet. Das bedeutet, daß hier ein Wandel im Denken stattgefunden hat. Das Wertedenken hat sich verlagert. Nicht mehr das Haben und Zeigen, sondern das Sein und Wirken, von innen nach außen erfüllt mehr und mehr unser Denken, Fühlen und Wirken. Es wird nach wie vor auf ein bequemes und komfortables Auto wert gelegt, aber dieses wird nicht mehr so behütet und beschützt. Es ist mehr ein nutzbringendes Fortbewegungsmittel geworden, das uns hilft, selbständig von A nach B zu kommen. Es handelt sich nicht mehr um das zweite Ich, sondern um ein Hilfsmittel zur Bewahrung der Unabhängigkeit.

Der Wintergarten:
die Erweiterung des jeweiligen Organs

Den Wintergarten habe ich im Laufe der Jahre als Erweiterung und Vergrößerung des Raumes erfahren, an den er anschließt. Das bedeutet, wenn er mit dem Wohnzimmer verbunden ist, erweitert sich hier das Zentrum, das Herz des Lebensraumes.

Der Wintergarten ist eine Öffnung, ein Ort, der Licht in den Raum einbringt und ihn mit Leben erfüllt. Sehr oft ist dieser mit vielen größeren Pflanzen gestaltet, ebenso mit bequemen Liegen und Stühlen zum Erholen und Entspannen. Im Winter wird der Raum zum Ort der Begegnung beim gemeinsamen Speisen und Feiern.

In den meisten Fällen erweitert der Wintergarten den Bereich des Wohnzimmers, des Eßzimmers oder beider gemeinsam.

Wie oft nutzen Sie Ihren Wintergarten?
Wie viel Freiraum bietet er?

Oder ist es ein übervolles Gewächshaus, das Sie nicht wirklich für sich selbst nutzen können?

Wie wohl fühlen Sie sich in diesem Raum? Wie viel Wärme schenkt er Ihnen im Winter und wie viel Schatten im Sommer?

Können Sie ihn im Sommer auch nutzen oder ist die Hitzeentwicklung zu stark?

Wie ist das Verhältnis von Wand und Glas?

Handelt es sich um einen Lebensraum oder ein Glashaus?

Wie dominant ist der Wintergarten im Verhältnis zum übrigen Haus?

Wie ist die räumliche Verhältnismäßigkeit? Stimmt die Proportion zum gesamten Lebensraum und zum Raum, an den er angebaut ist?

Wenn der Wintergarten nachträglich gebaut wurde, was hat diese Erweiterung verändert?

Wie hat es die anderen Räume und Ihr Leben beeinflußt und gewandelt?

Werden seitdem andere Räumlichkeiten weniger genutzt und ihnen weniger Aufmerksamkeit geschenkt?

Ein Wintergarten will in den gesamten Lebensraum integriert werden, damit er eine wirkliche Erweiterung des jeweiligen Raumes sein kann. Er sollte ebenso zum Wohlfühlraum werden wie alle anderen Räumlichkeiten. Ein Raum, der zum Verweilen und Genießen einlädt.

Die Stromleitungen:
die Aufladung, die Nerven

Die Stromleitungen versinnbildlichen die Nerven des Hauses. Sie sind die Nervenbahnen des gesamten Organismus. Sie sind unter der Oberfläche der Haut verlegt und ständig aktiv. Sie versorgen den Lebensraum mit Energie und geben Impulse weiter, wenn es erforderlich ist. Diese Bahnen verbinden jeden Raum, jedes Stockwerk miteinander und vereinen sich zusammengeführt an einer Stelle des Lebensraumes wieder.

Wie sind diese Leitungen verlegt?
Wird jeder Raum ausreichend und optimal mit Strom versorgt?
Welche Arten von Lichtquellen und Steckdosen gibt es in diesem Lebensraum?
An welcher Stelle, in welchem Raum befindet sich die Zentrale der Stromversorgung und die Sicherungen?

Wie leicht zugänglich und übersichtlich ist diese gestaltet?

An welchen Stellen im Lebensraum gibt es Schwachstellen und Unterversorgung?

Reichen die vorhanden fest installierten Lichtquellen und Steckdosen aus oder gibt es viele Provisorien?

Liegen viele Kabel und Kabelstränge offen herum und werden zu Stolperfallen?

Sind alle Lichtquellen mit einer Lampe versehen und die Stromkabel aus den Decken und Wänden nicht mehr sichtbar?

Funktionieren alle Lampen oder sind ein paar Birnen durchgebrannt?

Gibt es vermehrt Kurzschlüsse wegen Überbelastung? Brennen die Sicherungen häufig durch und fällt der Hauptschalter regelmäßig aus?

Sind alle offenliegenden Kabel in einem einwandfreien Zustand oder brüchig und die einzelnen Adernpaare bereits sichtbar?

Die Adernbahnen der Stromkabel entsprechen den Nervenbahnen des Körpers. Wenn diese sichtbar in Erscheinung treten oder sich Kabelstränge meterweise außerhalb der Wände im Raum verstreut befinden, kann es sein, daß die Nerven blankliegen und man im wahrsten Sinn des Wortes unter Strom steht. Elektrizität ist einer der stärksten Energieformen, viel Energie regt an und zu viel regt auf. Die Nerven sollten nicht überstrapaziert und überbelastet werden. Eine sichere und saubere Verlegung und Kabelanordnung sowie funktionsfähige Lichtquellen und Steckdosen sorgen für ein nervenberuhigendes Wohlbefinden. Auch die Schaltzentrale, das Gehirn, wo alles zusammenläuft und Informationen ausgetauscht werden, sollten optimal im Raum (Wand) integriert und mit einer übersichtlichen Legende versehen sein.

Die Heizung:
die Zirkulation, Körperatmung und Kreislauf

Die Heizung steht für die Körperatmung und den Kreislauf des Hauses. Durch den Blutkreislauf im Körper werden alle anderen Organe mit Energie versorgt, ebenso der gesamte Lebensraum. Dem Herzen wird dabei am meisten Aufmerksamkeit geschenkt, deswegen ist es im Wohnzimmer, in der »guten Stube« (Herzzentrum) im Winter in der Regel am wärmsten. Es sollten allerdings alle Räume gleichmäßig beheizt werden und angenehm temperiert sein, wie auch jedes Organ gleichmäßig mit Blut und Nährstoffen versorgt wird, um einen gesunden Gesamtorganismus zu gewährleisten.

Welche Art von Heizung gibt es in diesem Haus?
Gibt es mehrere? Gibt es Wand- und/oder Bodenheizung?
Mit welchem Brennstoff wird die Heizung genährt? Wie alt ist die Heizung?

Wie hoch ist der jährliche Verbrauch?

Entweicht zu viel Wärmeenergie ungenutzt ins Freie?

Wie wirtschaftlich und effizient arbeitet das Heizungssystem? Ist es anfällig und verursacht Reparaturkosten?

Bekommt die Verbrennungsanlage genug Frischluft?

Sind die Heizkörper entlüftet und bringen sie ihre volle Leistung? Kann das warme Wasser, die erwärmte Luft gleichmäßig zirkulieren und in alle Räume fließen?

Werden die erwärmten Räume mit frischer Luft versorgt und zum Atmungsaustausch angeregt?

Unabhängig davon, welches Heizungssystem vorhanden ist, sollte es einwandfrei funktionieren und jeden Bereich Ihres gesamten Lebensraumes gleichermaßen mit Energie versorgen, so wie der Körper des Menschen durch ein einwandfreies Kreislaufsystem überall mit Energie versorgt wird. Ein intaktes und gut arbeitendes Heizungssystem versorgt Ihren gesamten Lebensraum optimal im Verhältnis von Energieerzeugung zu Energieverbrauch. Dies überträgt sich auf Ihr körperliches und seelisches sowie Ihr materielles Wohlbefinden.

Die Wasserleitungen:
der Transport, das Lymphsystem

Die Wasserleitungen symbolisieren das Lymphsystem des Hauses. Sie stehen für die Verbindung zwischen der Quelle und dem Gefäß. Das Lymphsystem ist, wie auch der Blutkreislauf, ein wichtiges Verbindungs- und Transportsystem von Nährstoffen im Körper. Da der menschliche Körper zu etwa 70% aus Wasser besteht, spielt die Versorgung mit Wasser und das fließende Prinzip unseres Lebensraumes eine tragende Rolle.

Woher kommt das Wasser?
Wie frei kann das Wasser fließen?
In welchen Räumen gibt es eine Wasserversorgung?
In welchen Räumen fließt Wasser oder ist welches vorhanden?
Auf welche Art und Weise kommt man dort zu seinem Wasser? Wie leicht kann man das Wasser empfangen?

Wie gesund und rein ist das Wasser?

Gibt es tropfende und verstopfte Wasserhähne? Oder fließt dieses Lebenselixier unkontrolliert davon?

In welchem Zustand sind die Gefäße (Wasch- und Spülbecken, Badewanne, Toiletten, Boiler, Warmwasserspeicher, Heizkörper usw.), die das Wasser aufnehmen und sammeln?

Wie ungehindert kann das Wasser wieder abfließen und dem großen Kreislauf der Reinigung wieder zugeführt werden?

Wie funktional und effektiv fließt das Wasser im gesamten Lebensraum, und in welchen Zustand sind die Leitungsbahnen?

Auf die Frage in welchen Räumen sich Wasser befindet, werden sehr oft das Bad, Toilette und Küche genannt. Aber auch im Heizungsraum wie auch im Hauswirtschaftsraum sind Quellen der Wasserversorgung vorhanden und aktiv. Denken Sie an Boiler, Warmwasserspeicher und die Waschmaschine, ebenso an alle Räume, in denen ein Zimmerbrunnen oder ein Aquarium steht, auch hier ist Wasser vorhanden.

Natürlich hat es keinen Sinn, in jedem Raum oder Flur Wasser zu installieren, um das natürlich fließende Prinzip im gesamten Lebensraum zu gewährleisten. Hier stehen durch Gestaltung vielfältige Möglichkeiten zur Verfügung, um die Kraft dieses Lebenselixiers in den Lebensräumen Ausdruck zu geben.

Bilder von Wasser, Sand in Wellenform, Wischtechnik in der Farbgestaltung sowie fließende Farbformen und Materialien, unabhängig von ihrer Farbe, können das Element Wasser im Raum aktivieren und symbolisch darstellen.

Auf welche Art und Weise Sie dieses fließende Prinzip auch immer im Raum integrieren, dieses Element fördert und stärkt die emotionale Kraft des Raumes und seiner Bewohner.

Das Lüften: das Auf- und Durchatmen, Bewegung und Flexibilität, die Lunge

Eines der wichtigsten lebenserhaltenden Elemente für uns Menschen ist die Luft. Wir brauchen sie zum Atmen, um überhaupt leben zu können. Bei einem Spaziergang in der Natur spüren wir diese Kraft der frischen Luft, sie zu atmen, ist wohltuend. Unser Körper fühlt sich stark in diesen Momenten. In den Lebensräumen wird dieses Phänomen nicht so wahrgenommen, sehr oft aus einem einfachen Grund: Es fehlt die regelmäßige Belüftung des Raumes durch das Öffnen der Fenster und Türen. Dabei ist es wichtig zu erwähnen, daß es sehr sinnvoll ist, wenn Sie das Lüften selbst in der Hand haben. Das heißt, Sie entscheiden über die Frischluftzufuhr, Sie entscheiden ja auch über Ihre eigene Atmung. Mit wie viel und mit welcher Qualität (Morgenfrische, Mittagsluft und Abendduft) und in welchen Abständen Sie ihre Räume mit neuer Luftenergie versorgen, liegt ganz bei Ihnen.

Lassen Sie sich durch eine Maschine (Klimaanlage) beatmen, die entscheidet, wann Sie wieder etwas bekommen und wann nicht?

Werden Sie beatmet oder atmen Sie selbständig und sind Herr über Ihren eigenen Luft- und Sauerstoffaustausch?

Selbständig atmen heißt, selbständig leben. Und Sie sollten auch selbständig und regelmäßig darüber entscheiden können, wann Sie Ihren Lebensraum öffnen, um die Frische des Lebens hereinzulassen und die Räume und sich selbst mit Leben zu erfüllen.

In Bezug auf die Heizkosten sei erwähnt, daß es auch in der kalten Jahreszeit sehr sinnvoll ist, regelmäßig die verbrauchte Luft im Lebensraum auszutauschen, um eine gesunde Sauerstoffversorgung zu gewährleisten.

Gerade im Winter spielt sich in vielen Häusern und Wohnungen immer wieder die gleiche Szene ab. Im Raum überfällt einen die Müdigkeit, weil der Sauerstoff zu Ende geht, und um das auszugleichen, geht man nach draußen an die frische Luft. Ein kurzes, stoßweises Lüften, das einen Luftaustausch herbeiführt, ohne daß Wände oder Möbel auskühlen, erhöht die Heizkosten kaum.

Das kräftige Durchlüften in der Frühe nach dem Aufstehen oder nach dem Frühstück wäre sehr empfehlenswert. Falls Sie die Möglichkeit haben, gerne auch zur Mittags- und Abendzeit.

Im Sommer schadet es nicht, wenn über den Tag die Fenster gekippt oder auch zum Teil ganz geöffnet bleiben. Laden Sie das Leben ein und heißen Sie es in Ihren Räumen willkommen.

Nun haben Sie Ihre Lebensräume intensiver und vielleicht auf neue Art und Weise kennengelernt. Dies ist eine wichtige und wertvolle Voraussetzung für den nächsten Schritt.

5. Die energetische Reinigung unserer Lebensräume

Am Beginn dieses Kapitels ist es mir ein großes Anliegen zu erwähnen, daß die energetische Reinigung von Räumen und dem, was sich in ihnen befindet, bereits eine jahrtausendealte Tradition hat und die Menschheit seit der Erschaffung von Räumen begleitet.

Das Reinigen auf feinstofflicher, also auf nicht sicht- und greifbarer Ebene, ist dem Reinigen auf grobstofflicher Ebene ähnlich. Allerdings erfolgt das grobstoffliche Reinigen mit Hilfe von Seifenlauge, Schwamm, Putzlappen und anderen Hilfsmitteln. Man putzt und scheuert, saugt den Teppich und poliert die Möbel. Man trennt sozusagen das, was man nicht mehr braucht, von dem, was man weiterhin im Lebensraum behalten will. Aus diesem Grund könnte man für das Wort Reinigung auch Begriffe wie Läuterung, Erlösung, Befreiung, Entlastung oder Entschlackung verwenden.

Das grobstoffliche Reinigen der Räume von Staub und Schmutz ist die Grundlage und eine wichtige Voraussetzung, um die feinstoffliche Reinigung vorzunehmen.

Eine Art der Reinigung, die beide Ebenen, also die fein- und grobstoffliche, berührt ist z. B. das Auf- bzw. Ausschütteln der Betten am Morgen nach dem Aufstehen. Man öffnet die Fenster, um die verbrauchte Luft der Nacht gegen frische Morgenluft auszutauschen. Dann schüttelt man das Kopfkissen und die Zudecke kräftig aus. Durch dieses kräftige Schütteln wird nicht nur der Staub, sondern auch die Schlafenergie (Träume, Traumbilder), das entstandene Energiefeld der Nacht vom Bettzeug getrennt, und so erfolgt eine Abtrennung, also Reinigung von »Verbrauchtem«. Auch die Matratze selbst enthält fein- und grobstoffliche Informationen der Nacht. Man kann sie durch Schlagen mit der Hand reinigen. Dieses Schütteln und Schlagen ist ganz nebenbei auch eine einfache feinstoffliche Reinigung des Schlafzimmers selbst.

Unbewußt nehmen die meisten Menschen diese Art der Reinigung Tag für Tag vor, ohne sich darüber im klaren zu sein, was da eigentlich geschieht. Das ist auch nicht nötig. Denn hier erfolgt eine sich wiederholende Handlung, eine Regelmäßigkeit, und diese bestimmt den Anfang des Tages. Wenn diese Handlung allerdings bewußt vorgenommen wird und man um die Kräfte der energetischen Reinigung weiß, entsteht hier eine rituelle Handlung, die einem die Kraft des Loslassens von Altem und Verbrauchten auf einfache Art und Weise aufzeigen kann.

Als weiteres Beispiel lassen Sie mich hier das Teppichausklopfen nennen. Hier wird zwar durch das Klopfen und Schlagen in erster Linie Staub und Schmutz vom Teppich getrennt, wenn diese Handlung jedoch bewußt vorgenommen wird, kann man so auch die feinstofflichen Energien, die sich im Laufe der Zeit angesammelt haben, abtrennen und das Medium Teppich von alten Informationen befreien.

Dieses Befreien ist ein wichtiges Stichwort, das ich hier gerne näher erläutern möchte. Da wir in einem Zeitalter der Computertechnologie leben, möchte ich diese Technik zur Veranschaulichung verwenden.

Die Wände, Decken und Fußböden sowie alle Möbel sind mit der Festplatte eines Rechners zu vergleichen. Diese Festplatte enthält jede Menge Informationen und Daten, die im Laufe der Zeit von uns selbst und auch durch andere (Internet) aufgezeichnet und abgespeichert wurden. Alles, was Ihr PC so erlebt und erfährt, wird auf dieser Festplatte gespeichert. Nun wird die Speicherkapazität irgendwann ausgelastet sein, und die Folge ist sehr oft, daß die Rechnerleistung nachläßt und die gewünschte Leistung nicht mehr erbracht werden kann. Jetzt werden Sie Ihre Festplatte von alten und nicht mehr gebrauchten Daten befreien, damit diese wieder aufnahmefähig ist. Diese Daten könnte man auch als feinstoffliche Informationen bezeichnen. Denn niemand kann diese Daten auf der Festplatte sehen oder greifen, sie sind quasi unsichtbar, und doch weiß jeder, daß sie gegenwärtig sind und den Inhalt der Festplatte bzw. des Rechners bestimmen.

Genauso verhält es sich in unseren Lebensräumen. Der unsichtbare Rauminhalt, also das, was wir nicht sehen können, überträgt die Informationen, die der Raum erlebt, erfährt, hört und sieht an die Wände, Decken, Fußböden und Möbel. Auch diese Informationen sind für uns nicht sichtbar oder greifbar, aber spürbar.

Auch die Redensart: »Die Wände haben Ohren« kann hier buchstäblich übertragen werden. Denn diese Ohren lauschen den Geschehnissen im Raum und nehmen sie auf. Sie können nicht davonlaufen, wenn Ihnen etwas nicht gefällt, ebensowenig wie Decken und Fußböden oder die Möbel, auch wenn es manchmal zum Davonlaufen wäre.

Aus diesem Grund nehmen sie die Informationen auf und speichern sie ab, eben wie auf einer Festplatte.

Jetzt gibt es natürlich eine ungeheure Menge verschiedener Informationen, die in den Räumen gespeichert sind. Diese Botschaften erfüllen durch ihre ständige Präsenz den Raum und geben sie auf unsichtbarer Ebene immer wieder in den Raum hinein. Diese Informationen wirken ganz natürlich, aber unsichtbar auf die Bewohner ein. Erinnern Sie sich an das Beispiel in meinem Café und an den Disput mit einer meiner Mitarbeiterinnen. Diese »dicke Luft« wird als zusätzliche Information im Raum gespeichert, ganz unabhängig davon, wie viele schöne und angenehme Erlebnisse vorher schon abgespeichert wurden. Dieses Erlebnis kommt mit hinzu und verändert die bisherigen Inhalte.

Sicherlich werden Sie jetzt fragen: Wie kann man denn das eine vom anderen trennen? Wie bleiben die wichtigen und wertvollen Informationen dem Raum erhalten? Wie kann man die unschönen und belastenden »Datenmengen« tilgen, ohne die anderen zu verlieren?

Hierzu kann ich Ihnen sagen, daß es für einen ordentlichen, sauberen, gepflegten und schön gestalteten Raum eine lebenswichtige Angelegenheit ist, belastende Informationen loszuwerden und fördernde zu behalten.

Das bedeutet, der Raum wird Sie in Ihrer reinigenden Handlung von sich aus unterstützen. Denn der Raum ist in seinem Wesen dem Menschen sehr ähnlich. Auch der Mensch will sich von dem, was ihn belastet, befreien. Sehr oft ist allerdings Unterstützung und Hilfe von anderen unerläßlich. Ebenso braucht der Raum die Mitwirkung des Menschen.

Warum ist eine Raumreinigung sinnvoll?

Um Ihnen diese Frage zu beantworten, bringe ich Ihnen hier einige Beispiele aus der Praxis, die es veranschaulichen sollen.

Die Last von den Schultern nehmen
Eines Tages kam ein Geschäftsinhaber in mein Büro und fragte, ob man außer durch die Gestaltung dem Raum noch auf andere Weise mehr Frische verleihen könnte. Im Gespräch kamen wir dann dahinter, was er mit dieser Frische meinte. Es ging ihm um mehr Leichtigkeit, denn er bewirtschafte seinen Betrieb zwar sehr gerne, aber irgend etwas drücke ihn hinunter. Daraufhin vereinbarte ich einen Termin mit ihm, um den Raum und seine Themen über die Wahrnehmung zu erforschen. Es stellte sich heraus, daß der gesamte Raum – mit Küche, Lagerraum, Büro und Nebenzimmern – eine wirklich sehr spürbare Schwere aufwies. Es war deutlich wahrzunehmen, daß dieses alte Gebäude sehr viel erlebt hatte und viele vergangene Informationen sich vom Raum trennen wollten, sich aber nicht lösen konnten, weil sich bisher niemand darum gekümmert und sich ihrer angenommen hatte.

In einer Meditation bat ich um Antwort, ob ich denn reinigend wirken dürfte. Eine positive Erwiderung war die Folge.

An einem Sonntagmorgen um 6 Uhr begab ich mich zu diesem Betrieb und begann mit der energetischen Reinigung. Mehr zu Vorbereitung und Ablauf finden Sie im nächsten Kapitel.

Als gegen 14 Uhr der Inhaber in seine Räume kam, war seine erste Reaktion nur ein Wort: »Unglaublich!«

Dies berichtete er mir zwei Tage später, als er den Schlüssel, den er mir gegeben hatte, wieder abholte. Er beschrieb mir seine ersten Eindrücke: »Der Raum fühlt sich nicht nur leichter an, sondern er ist es auch. Ich fühle mich wie befreit, und die gefühlte Last ist einfach weg.«

Er war wirklich glücklich über dieses Ergebnis und gab mir den Auftrag, auch sein privates Wohnhaus zu reinigen.

Streiten ohne Grund

Nachdem ich ein Wohnhaus gereinigt hatte, traf ich mich eine Woche später mit dem jungen Mann, der dort wohnte, und seiner Freundin. Sie sagten als erstes zu mir, daß sie seither nicht mehr streiten. Vorher waren sie an jedem Ort der Welt, in jedem Raum ein Herz und eine Seele und sie verstanden sich sehr gut. Nur wenn sie bei ihm im Haus war und dort auch nächtigte, kam es immer zu einer heftigen Auseinandersetzung bis hin zu einem lauten Streit. Das war auch der Grund, warum beide noch nicht unter einem Dach lebten. Eine Ursache konnten sie beide nicht finden.

Ich schilderte meine Wahrnehmungserlebnisse während der Reinigung. Das Haus hatte eine spürbare belastende Atmosphäre und etwas fast Bedrohliches in sich. Im Untergeschoß, das wegen der Hanglage als Wohnraum ausgebaut war, staute sich das ganze. Man spürte den Druck nicht nur, man erlebte ihn. Ich war sozusagen Zeuge einer Situation in der Vergangenheit, die sich als Zerrissenheit, Depression und Angst im Raum abgespielt und verankert hatte.

Diese Energien wurden mir von ihm bestätigt. Er berichtete mir von den Geschehnissen, die das Haus erlebt hatte: den Streit seiner Eltern, die Scheidung und den Freitod seiner Mutter.

Daß sich diese Energie schon längst vom Haus loslösen wollte, wurde mir beim Lüften der Räume vor Augen geführt. Nachdem die Reinigung vollbracht ist und sich die alte Energie gelöst hat, wird sie durch das Öffnen der Türen und Fenster verabschiedet. So auch in diesem Haus. Als ich die erste Türe im Untergeschoß mit Blick in den Garten öffnete, schoß der Rauch buchstäblich an mir vorbei ins Freie. Ich hatte so eine Geschwindigkeit weder vorher noch nachher erlebt. Der Rauch flüchtete sozusagen aus dem gesamten Haus. Das Lüften war aus diesem Grund sehr schnell vollzogen und der Akt der Reinigung abgeschlossen.

Angst vor der Arbeit

Ein Geschäftsführer kontaktierte mich wegen wachsender Angstzustände, die er seit der Übernahme einer neuen Filiale hatte. Im Laufe von zwei Jahren wurde dieser Zustand so stark, daß er vor Angst nicht mehr zur Arbeit wollte. Dann erzählte er mir, daß seine Vorgängerin wegen psychischer Probleme ihre Tätigkeit beenden mußte. So war verständlich, daß seine Angst dadurch nicht gemildert werden konnte. Er beschrieb mir noch in allen Einzelheiten seine Tätigkeit vom Beginn bis zum gegenwärtigen Zeitpunkt.

Die Geschäftsräume befanden sich in einem alten Gebäude, das über die Jahrhunderte schon einiges erlebt und erfahren hatte. Wir vereinbarten gleich einen Termin, und ich bat den Geschäftsführer darum, an diesem Tag anwesend zu sein.

Man spürte während der Reinigung im gesamten Geschäftsraum, sowohl im Erd- als auch im Obergeschoß, einen sehr klärenden Prozeß. Hier löste sich die gespeicherte und lastende Energie wohlwollend aus dem Raum. Im Büro des Geschäftsführers kam es allerdings zu einem imposanten Schauspiel. Es bildeten sich zwei Wolkenstränge aus Rauch, die sich gegenseitig umschlangen und sich in der Mitte des Raumes kreisförmig bewegten. Es war wie ein Kampf zwischen »Gut und Böse« oder auch Schwarz und Weiß. Der Rauch selbst bekam eine gelblichgraue Färbung, welche auf einen starken Reinigungsprozeß schließen läßt. Nach und nach wurde die Bewegung langsamer und die Lage beruhigte sich. Nach etwa 1 ½ Stunden war die Energie bereit, den Raum zu verlassen, und wir verabschiedeten die alten Informationen durch das Öffnen der Fenster und der Eingangstür.

Eine Woche später kam der Geschäftsführer zu mir ins Büro und berichtete mir von den Veränderungen. Für ihn selbst war es eine Erlösung, und alles vorher Erlebte gehörte der Vergangenheit an. Er fühlte sich wohl und freute sich auf jeden neuen Tag im Geschäft. Am auffälligsten war seiner Aussage nach die unbewußte Reaktion der Reinigungskraft. Diese kam jeden Tag in der Frühe, um vor Geschäftsbeginn alle Räume zu säubern. Da er jeden Tag als erstes ins Geschäft ging, war er auch der erste, der mit dieser Reinigungsfrau in Kontakt kam. Von Anfang an, so seine Aussage, wurde er noch nie mit einem »Guten Morgen« begrüßt, sondern immer mit Aussagen wie: »Schauen Sie mal, was das für ein Dreck ist, und der Müll wurde auch nicht getrennt. Alles muß immer ich machen.«

Es kamen immer nur Beschwerden über die Mitarbeiter und die Kunden. An diesem Montag, einen Tag nach der Reinigung, war es allerdings anders. Als er das Geschäft betrat, empfing ihn die Frau mit einem »Guten Morgen« und ging einfach ihrer Tätigkeit nach, ohne noch etwas zu sagen. Und dabei war es geblieben.

Das Haus der Begegnung

Eine junge Frau bewohnte ein Haus aus den 50er Jahren, das sie geerbt hatte. In einem Gespräch erzählte sie mir zusammen mit ihrem Freund, daß sie beide das Gefühl haben, nie allein in diesem Haus zu sein. Das Haus mache ihnen Angst und es passierten ungewöhnliche Dinge. Wenn sich ein Raum von innen her selbst verschließt und der Schlüssel dann im Raum auf dem Teppich liegt und folglich niemand mehr in den Raum gelangen kann, ist dies nicht normal.

Er erzählte mir, daß die Angst am stärksten wird, wenn es im Haus dunkel ist. Man hört Geräusche und nimmt Schatten wahr, sogar Erscheinungen, die als Gestalt am Bett sitzen. Diese Geschehnisse sind zwar nicht bedrohlich, aber sie machen eben Angst.

Bei der Wahrnehmung vor Ort kam einiges an Informationen auf mich eingeströmt, von alten Erlebnissen auf dem Grundstück, noch bevor das Haus erbaut worden war, bis hin zu Situationen, die nur einige Jahre zurücklagen. Das Überraschende war allerdings die Information, daß sich niemand dieser Kräfte angenommen hatte und sie sich »nur« Aufmerksamkeit ersehnten. Es ging nicht darum, etwas zu erlösen oder alte Energien zu verabschieden, sondern vielmehr um eine wahrhaftige Begegnung mit der Energie des Raumes. Denn genau diese Energie schenkte dem ganzen Haus ihre Kraft und hauchte ihm Leben ein.

Da die beiden begeisterte Musiker sind, wurden mit Hilfe einiger Freunde der Abend, an dem ich mit meinem Räucherwerk kam, mit Trommeln und Didgeridoos begleitet. Es dauerte gut zwei Stunden, bis ich mit meinem Teil fertig war. Und während der ganzen Zeit erklangen die Instrumente aus dem Wohnzimmer, dem Herz des Hauses.

Die Begegnung mit den hier anwesenden Raumenergien erforderte von allen Beteiligten sehr viel Respekt und Achtung. Dies war sehr deutlich zu spüren und wurde von mir auch entsprechend vor Beginn des Rituals gesagt.

Als wir fertig waren, versammelten wir uns in der Küche und sprachen über unsere Empfindungen und Wahrnehmungen. Plötzlich machte eine anwesende junge Frau ein sehr unpassende Bemerkung, so nach dem Motto: Na, jetzt haben wir die Geister aber ordentlich vertrieben. Ich kann mich noch daran erinnern, als ob es gestern gewesen wäre. Drei gewaltige dumpfe Schlaggeräusche erschütterten das ganze Haus. Es war wie ein Donnern, das die Räume erfüllte und das Haus erbeben ließ. Ich blickte nur noch in schneeweiße Gesichter, und plötzliche Stille erfüllte den gesamten Raum. Um der Sache auf den Grund zu gehen, ging ich nach unten und ließ mich dabei von der Raumenergie führen. Sie lenkte mich ins Kellergeschoß zu einer Tür, die nach draußen führte. Als ich sie öffnete, wurde mir mitgeteilt, daß der Respekt aufrechterhalten werden und man sich nicht über die Energie des Raumes lustig machen sollte. Es war eine sehr klare und unmißverständliche Botschaft, die bei allen Beteiligten angekommen ist.

Einige Tage später wurde mir von beiden berichtet, daß die Angst von diesem Tage an verschwunden war und es kein Vergleich zu vorher wäre.

Diese wenigen Beispiele sollen Ihnen mögliche Antworten auf die gestellte Frage sein, ob es denn sinnvoll ist, Räume feinstofflich zu reinigen.

Seit Mitte der Neunziger Jahre beschäftige ich mit diesem Thema und habe seitdem sehr viele private, geschäftliche und auch kommunalpolitisch genutzte Räume gereinigt. Denn, wie bereits am Anfang des zweiten Kapitels erwähnt wurde, ist das Wesentliche für unsere Augen unsichtbar.

Das Wesentliche ist für mich die Essenz des Lebens, welche uns unsichtbar begleitet und auf uns einwirkt. Deshalb kann ich eine Reinigung oder wie im letzten genannten Beispiel eine energetische Begegnung mit unseren Räumen nur empfehlen.

Nun möchte ich zum Abschluß dieses Kapitels noch eine sehr schöne Erfahrung bezüglich der Raumreinigung und ihrer Wichtigkeit mitteilen.

Als ich zur Neugestaltung eines Hotels gerufen wurde, welches seit 30 Jahren besteht, war ich sehr überrascht, daß es nicht den geringsten

Anlaß gab, diese Räume zu reinigen. Ein Phänomen, das ich bis dahin noch nicht erlebt habe. Die Räume waren wirklich sehr klar, und man spürte ein Freisein in allen Bereichen. Als ich dies den Inhabern mitteilte, offenbarten sie mir, daß sie jedes Jahr im November alle Räume des Hotels mit Rauchwerk reinigen.

In diesem Monat ist das Hotel geschlossen, und die Zeit wird für den eigenen Urlaub genutzt sowie für kleinere Renovierungsarbeiten; aber auch für eine feinstoffliche Reinigung der Räume – zum Wohle der Gäste, der Mitarbeiter, der Inhaber und des gesamten Raumes.

6. Anlässe und Vorgehensweisen zum feinstofflichen Reinigen der Räume

Sehr oft werde ich auf Vorträgen gefragt, ob es denn reicht, ein Räucherstäbchen zu entzünden, um damit den Raum zu reinigen. Das wäre ungefähr so, als würden Sie versuchen, mit einem halben Teelöffel voll Reinigungsmittel Ihr ganzes Haus samt Fenster zu putzen. Damit werden Sie in der Regel nicht weit kommen.

Es klingt jetzt wahrscheinlich ein wenig unheilig, aber zum einen sehe ich das Räucherwerk bzw. den Rauch, der daraus entsteht, als »Mittel zur Reinigung«. Das heißt, der Raum wird vom Rauch durchdrungen, und die feinstofflichen Energien können sich dadurch leichter lösen. Selbstverständlich spielt es auch eine große Rolle, mit welcher Art von Rauchwerk und mit welchem Bewußtsein man diesen Akt durchführt.

Zum zweiten ist der Rauch bei der feinstofflichen Reinigung eine kommunikative Verbindung zwischen dem Menschen und der nicht sichtbaren Energie im Raum. Diese Verbindung könnte man auch als Brücke oder Botschafter bezeichnen. Denn durch den Rauch entsteht eine Verbindung zwischen Ihnen und der feinstofflichen Energie. Des weiteren wird durch den Rauch der »alten« Energie etwas dargeboten, als Geschenk für ihr bisheriges Wirken im Raum und als eine Art Proviant für die Reise, nachdem sich die Energien des Raumes gelöst und den Raum verlassen haben. Näheres dazu am Ende dieses Kapitels.

Nachfolgend möchte ich Ihnen gerne einige Anlässe und Beweggründe für die feinstoffliche Reinigung eines Raumes schildern. Denn um aktiv zu werden und dem Raum und letztendlich sich selbst etwas Gutes zu tun, bedarf es eines Grundes, der aus einem Bedürfnis heraus entsteht. Und dahinter sollte auch ein Nutzen erkennbar sein, der wirklich etwas bringt.

Der erste Anlaß, den ich hier näher beleuchte, ist ein sehr wichtiger und wird in den allermeisten Fällen weit unterschätzt.

Bezug neuer Lebensräume und Einzug ins eigene Heim

Sie beziehen einen neuen Wohnraum, sei es eine Wohnung oder ein Haus. Dieser Raum besteht allerdings schon einige Jahre, und vor Ihnen haben andere Menschen diesen Raum beseelt. Oft ist es so, daß Sie die Vorbewohner nicht kennenlernen, weil der Raum schon seit einiger Zeit leersteht und renoviert worden ist. Wer immer darin gewohnt hat, er hat eine Art unsichtbaren Fingerabdruck hinterlassen. Der Raum ist angefüllt mit Informationen und feinstofflichen Energien, die durch die Vorgänger hineingelebt wurden. Diese Informationen und Energien will ich auf keinen Fall als gut oder schlecht bezeichnen, sondern vielmehr als eine Kraft, die nichts mit Ihrer persönlichen Kraft zu tun hat.

Wenn vor oder kurz nach dem Bezug des neuen Raumes keine feinstoffliche Reinigung vorgenommen wird, dauert es meiner Erfahrung nach ein bis zwei Jahre, bis Sie den Raum auf seelischer Ebene erfüllt und für sich in Besitz genommen haben. Das heißt, Sie leben in dieser Zeit in einem Energiefeld der »fremden Kleider«.

Stellen Sie sich einmal vor, Ihre Vorgänger hätten ihren Kleiderschrank zurückgelassen und Sie müßten ab dem Einzug diese gebrauchten Kleidungsstücke der Vorgänger tragen. Von der Unterwäsche bis hin zur Hose und Jacke, einschließlich der Socken und der Schuhe. Wie würde es Ihnen dabei gehen? Wie würden Sie sich dabei fühlen?

Im übertragenen Sinne verhält sich dies, auf den Raum bezogen, genauso. Sie begeben sich in ein Energiefeld, das nicht zu Ihnen gehört, nicht Ihre »Kleidergröße« und Ihren Kleidungsstil hat.

Das, was Sie im Bereich der Reinigung mit Sicherheit automatisch und selbstverständlich praktizieren, ist die grobstoffliche Reinigung des neuen Raumes. Sie werden mit aller Wahrscheinlichkeit den gesamten Wohnraum putzen und säubern, obwohl dieser vielleicht vorher schon saubergemacht und geputzt worden ist. Warum tun Sie es also noch einmal? Aus dem ganz einfachen Grund, um zum einen selbst Hand anzulegen und zum anderen das Gefühl zu haben, daß der Raum jetzt wirklich sauber und für Sie bereit ist. Sie können hier die Reinigung bzw. das Resultat sehen, und Sie fühlen sich wohl dabei.

Warum also nicht auch auf der feinstofflichen Ebene reinigen?

Sollten Sie bei der Besichtigung Ihrer neuen Räume die Gelegenheit haben, Ihre Vorgänger persönlich kennenzulernen, werden Sie erfahren, wie viele Personen in diesem Raum und vielleicht wie sie dort gelebt haben. In einem Gespräch mit diesen Menschen können Sie vielleicht auch spüren, wie es Ihnen bei der Unterhaltung geht und welchen Eindruck diese Menschen auf Sie machen. Sie werden sehen, wie der Raum optisch wirkt und wie dieser für Sie hinterlassen bzw. in welchem Zustand er an Sie übergeben wird.

In diesem Zusammenhang ein paar nützliche Fragen an die Bewohner Ihrer zukünftigen Räume.

Wie lange wohnten Sie hier?
Gibt es Besonderheiten, die wir beachten sollten?
Warum ziehen Sie hier aus? (z. B. Berufswechsel, Scheidung, Wunsch nach Veränderung, die Räume stimmen nicht mehr mit den Bedürfnissen überein, finanzielle Gründe, Lärmbelästigung, Unwohlsein)
Wie ist das Verhältnis mit den Nachbarn oder Mitbewohnern im Haus?

Natürlich sollten Sie mit Ihren Fragen feinfühlig und achtsam vorgehen, um die Intimsphäre nicht zu verletzen.

Sie können auch gerne nachfragen, wie viele Neubezüge dieses Haus oder die Wohnung schon erlebt hat und in welchen zeitlichen Abständen diese vollzogen wurden. Das heißt, es gibt Wohnräume, wo alle zwei bis drei Jahre die Bewohner ausziehen und sich etwas Neues suchen. Fragt sich nur, warum? Dies können sehr positive Gründe wie Familienzuwachs, Beförderung, Selbständigkeit, persönliche Weiterentwicklung, eigenes Haus usw. sein, aber auch andere Gründe wie Scheidung,

Krankheit, finanzielle Probleme o. ä. Unabhängig davon und wie bereits erwähnt, es sind nicht Ihre Kleider und Ihre Energie, in die Sie sich begeben. Und ob die Raumenergie nachweislich positiv oder negativ ist, die feinstoffliche Ebene können Sie bereinigen, den Raum im wahrsten Sinne des Wortes verwandeln und für sich einen freien Raum schaffen, um sich von Beginn an individuell entfalten und leben zu können.

Hinweis:
Was Sie nicht durch die feinstoffliche Reinigung verwandeln und bereinigen können, sind Strahlungseinflüsse wie z. B. Wasseradern und Verwerfungszonen, Elektrosmog, schädliche und gesundheitsbeeinträchtigende baubiologische Gegebenheiten und sonstige Einflüsse, die entweder durch ein Untersuchungsgerät, labortechnisch oder radiästhetisch nachweisbar sind.

Falls hier ein Verdacht bestehen sollte, holen Sie sich am besten einen erfahrenen Baubiologen und/oder einen Radiästheten, sprich Rutengänger, um den Raum vor Bezug zu untersuchen.

Praxistip:
Unabhängig davon, ob Sie einen neuen Wohnraum mieten oder kaufen, eine radiästhetische und baubiologische Untersuchung ist eine sehr wertvolle Maßnahme für Ihre Gesundheit und Ihr Wohlbefinden.

Wenn Sie ein Grundstück erwerben, ist eine radiästhetische Untersuchung die beste Vorraussetzung, um den idealen Standort des zukünftigen Hauses bzw. der Schlaf- und Wohnräume festzulegen. Dies ist auf jeden Fall ein im Verhältnis zur Bausumme sehr geringer finanzieller Aufwand.

Verabschiedung einer Lebensphase oder Situation

Jeder Mensch durchlebt im Laufe seines Lebens verschiedene Phasen persönlicher Entwicklungsstufen. Das heißt, man verläßt eine bisher gelebte Phase, die vielleicht viele Jahre das eigene Leben bestimmt hat, und beginnt einen neuen Lebensabschnitt. Im übertragenen Sinne verläßt man einen Raum, schließt die Tür hinter sich und geht in einen neuen Raum, um diesen mit Leben zu erfüllen. In diesem Fall wäre es sehr sinnvoll, die alte und überholte Lebensphase, die im feinstofflichen Energiefeld des Raumes noch gespeichert ist, vom Raum zu lösen, um der neuen einen freien Raum zu schenken, damit sich diese ungehindert entfalten kann.

Wenn z. B. eines Ihrer Kinder ein neues und größeres Zimmer bekommt und auf Grund dessen eine neue Möblierung erhält, die dem Alter des Kindes mehr entspricht, könnten Sie diesen Raum auf das Neue vorbereiten, indem Sie ihn feinstofflich reinigen.

Für Sie persönlich kann es sinnvoll sein, wenn Sie vom Arbeitsleben in den Ruhestand wechseln. Der gesamte Lebensraum ist energetisch erfüllt mit der Information der arbeitsreichen Jahre und geht nun in eine für Sie völlig neue Phase Ihres Lebens. Hier haben Sie die Möglichkeit, das »Alte« zu verabschieden und Ihren Lebensraum für die neue Lebensphase bereitzumachen. Durch die Reinigung Ihrer Lebensräume wird Raum und Platz geschaffen für die neue Zeit.

Auch bei Renovierungsarbeiten ist es sehr wertvoll, das alte Kleid des Raumes, welches die Räume erfüllt und geschmückt hat, energetisch zu lösen, damit sich die neue Gestaltung in Form und Farbe, Möbeln und Einrichtungsextras entwickeln und wirken kann. Denn die alte Einrichtung und Gestaltung hinterläßt einen energetischen Fingerabdruck, den es zum Wohle des neuen Kleides zu lösen gilt.

Übergangsritual für private und berufliche Anlässe

Sie bewohnen über einige Jahre hinweg ein Haus oder eine Wohnung und haben einen Lebensgefährten, den Sie heiraten. Anschließend wohnen Sie gemeinsam in Ihrem Lebensraum, der über Jahre von einem Singledasein geprägt wurde. Glauben Sie nicht, daß es stimmig wäre, die alte Energie zu verabschieden und vom Raum zu lösen, damit dieser frei ist, sich auf den neuen Bewohner und die daraus entstandene Gemeinschaft vorzubereiten?

Nachdem Sie zu zweit Ihren Raum belebt haben und einige Zeit vergangen ist, gründen Sie vielleicht eine Familie. Ein Kind wird geboren und nimmt nicht nur einen Platz in Ihrem gemeinsamen Leben, sondern auch in Ihrem gemeinsamen Lebensraum ein. Durch diese Erhebung von der Zweisamkeit in den Familienverband wird sich in Ihrem bisherigen Leben einiges ändern. Der Raum ist bis zu diesem Zeitpunkt mit der Zweisamkeit durch Sie und Ihren Partner erfüllt worden.

Er ist durchdrungen mit der Information zweier Menschen, die nun einen neuen Erdenbürger in ihr Reich eingeladen haben. Es wäre für alle nur folgerichtig, auch in diesem Fall den Raum darauf vorzubereiten und die bisherigen Energieinformationen loszulassen und zu verabschieden, um einen kraftvollen Übergang zu erschaffen.

Wenn Sie über Jahre hinweg in einer bestimmten Position angestellt waren und auf Grund Ihrer Leistung eines Tages befördert werden, so wird sich das natürlich nicht nur auf Ihr berufliches Leben, sondern auch im positiven Sinne auf Ihr privates Leben auswirken. Es wäre sehr gut, diese Erhöhung mit einer feinstofflichen Reinigung Ihres Lebensraumes zu begleiten, um einen erfolgreichen Übergang sowohl beruflich als auch privat zu bewirken. Denn hier würde ein freier Raum die neuen beruflichen Anforderungen unterstützen sowie der Erholung vom Beruf ein neues und vitales Feld schaffen, was letztendlich auch zum Wohle des Familienglücks einen wertvollen Beitrag leistet.

Sollten Sie vom Angestelltenverhältnis in die Selbständigkeit wechseln, sollte dieser Übergang auf jeden Fall mit einer Klärung der feinstofflichen Informationen des Raumes gereinigt werden. Besonders dann, wenn die zukünftige Tätigkeit von zu Hause aus, in den eigenen Räumen ausgeübt wird. Denn dieser Raum ist nicht auf die Energie der selbständigen Tätigkeit ausgerichtet, sondern mit privater Lebenskraft angefüllt. Daher wäre es sehr sinnvoll, einen energetischen Freiraum zu schaffen, damit Sie sich zum beruflichen und privaten Wohle voll entwickeln können.

Auflösung von alten Mustern und erfahrenen Situationen

Sollte ein Familienmitglied über längere Zeit krank zu Hause gewesen sein, haben Sie selbst und Ihr Raum diese Periode der Krankheit und Genesung nicht nur miterlebt, sondern der Raum ist mit dieser Erfahrungsinformation erfüllt. Diese Information ist im Raum gespeichert und wirkt nachhaltig auf die Menschen, die darin wohnen, mit ein. In diesem speziellen Fall wäre es sehr vitalisierend, wenn Sie nicht nur nach der Genesung des Familienmitglieds den Raum von dieser Energie erlösen, sondern auch die einzelnen erkennbaren Phasen der Heilung durch einen kleinen Reinigungsvorgang begleiten. So können Sie die Genesung feinstofflich gesehen bereits wertvoll unterstützen, weil die Raumenergie immer wieder von der Erkrankungsenergie befreit und gelöst wird. Somit entsteht Freiraum zum Wohle des Patienten.

Wenn ein Familienmitglied zu Hause vom Leben und der Familie Abschied nimmt, sollte man am besten nachdem das verstorbene Familienmitglied aus dem Raum getragen wurde, diesen Raum noch ein paar Tage in seiner ursprünglichen Situation belassen, sowohl sichtbar als auch feinstofflich gesehen. Verändern Sie nichts, damit sich eventuelle Seelenanteile des Verstorbenen aus dem Körper des Raumes lösen können. Denn allzu oft wird der Leichnam nach dem Eintritt des Todes sehr schnell hinausgetragen. Die Seele kann sich dann in der Regel nicht in aller Ruhe vom Körper und vom Raum lösen.

Sollten Ihre Räume einen heftigen Familienstreit erfahren haben, ist es sehr sinnvoll, die dunklen Wolken des Wortkrieges von der Raumenergie zu lösen und eine feinstoffliche Reinigung durchzuführen. Dies fördert eine Begegnung auf einer neuen Ebene in einer geklärten Atmosphäre, zum Wohle des Raumes wie der Menschen, die darin leben. Denn warum glauben Sie, suchen viele Menschen sehr oft nach einem Streit einen anderen Ort (Park, Café, Bistro, neutraler Platz) auf, um sich auszusprechen?

Auch bei einer Trennung zweier Ehepartner ist es für denjenigen, der in den Räumen wohnen bleibt, sehr wichtig, die alte Energie, die vielleicht von Streit, Wut, Verzweiflung, Enttäuschung, Depression, falschem Stolz oder Verlust- und Zukunftsangst erfüllt ist, zu verabschieden und aus dem Raum zu lösen.

Es gibt hier nicht den geringsten Grund, in den alten Erfahrungsinformationen weiterzuleben und sich die feinstofflichen Türen für einen neuen Anfang zu verschließen.

7. Die Vorbereitung des Raumes

Diese Beschreibung gilt vor allem für diejenigen, die Ihre Räume das erste Mal oder einmalig zu einem bestimmten Zeitpunkt im Jahr reinigen. Man schafft sich hier ein sehr starkes Fundament, auf dem man mit kleineren Reinigungsritualen während des Jahres aufbauen kann. Für eine »Zwischenreinigung« müssen Sie diese Vorbereitung nicht unbedingt durchführen. Was nicht heißen soll, das Sie es nicht dürfen.

Vor Beginn der feinstofflichen Reinigung oder auch feinstofflichen Begegnung ist eine gute Vorbereitung eine sehr wichtige Grundvoraussetzung, sowohl für den Raum als auch für Sie selbst. Als erstes ist es sehr sinnvoll, sich einen stimmigen Tag zu wählen, an dem die Reinigung durchgeführt werden soll. Suchen Sie sich am besten einen Tag aus, an dem Sie ungestört wirken können, ohne von plötzlichem Besuch oder Telefonaten überrascht zu werden. Ein Sonntag ist in der Regel ein sehr guter Tag. Ebenso spielt die Uhrzeit eine wichtige Rolle. Morgenstund hat hier im wahrsten Sinn des Wortes Gold im Mund. Der Beginn des neuen Tages und die aufgehende Sonne sind sehr wertvolle Begleiter für die feinstoffliche Reinigung Ihrer Räume. Wenn Sie, je nach Jahreszeit, mit Sonnenaufgang beginnen, haben Sie erfahrungsgemäß die kraftvollste Tagesenergie für dieses Ritual zur Verfügung.

Das Fundament der feinstofflichen Reinigung

Einen Tag vor Beginn der Reinigung sollten Sie Ihren Raum grobstofflich reinigen, das heißt Böden saugen und/oder wischen, Fenster putzen, Staub wischen usw. Säubern Sie ihre Räume so, als würden Sie am Tag darauf sehr wichtigen Besuch bekommen. Während dieses Vorgangs arbeiten Sie ganz bewußt »reinigend« mit.

Da Ihre Wohnung oder Ihr Haus mittlerweile einen Namen hat, dürfen Sie dieses Wesen auch ansprechen und mit ihm reden. Unterhalten

Sie sich mit Worten oder auch Gedanken und erzählen Sie von der Vorbereitung auf das feinstoffliche Reinigen. Das bedeutet, Sie säubern und putzen ganz bewußt und halten sich den Zweck während Ihres Handelns immer im Gedächtnis. So bereiten Sie sich selbst und den Raum auf der feinstofflichen Ebene am besten auf die eigentliche Reinigung vor.

Nach dem der Raum sauber ist, sollten Sie sich selbst auch säubern. Nehmen sie ein heißes Bad oder gehen Sie gründlich duschen, auch hier mit dem Bewußtsein, sich selbst zu reinigen und auf den Akt der feinstofflichen Reinigung vorzubereiten. So gestalten und erschaffen sie sich ein wirklich gutes Fundament, auf dem Sie aufbauen können.

Wenn Sie sich nicht sicher sind, zu welcher Jahreszeit eine Reinigung am besten wäre, kann ich Ihnen sagen, daß Sie zu jeder Zeit eine Reinigung durchführen können. Sicherlich gibt es Zeiten im Jahr, zu denen es sehr wirkungsvoll ist, aber wenn Sie z. B. im Hochsommer ein neues Haus beziehen, sollte auch vor oder kurz nach Bezug gereinigt werden. Einige Monate später können Sie das ganze wiederholen, und zwar zur Zeit der Rauhnächte. Dies sind die Tage zwischen Weihnachten (ab der Wintersonnenwende) und kurz vor dem Dreikönigsfest. Ab der Zeit der Wintersonnenwende werden die Tage wieder länger, das Licht gewinnt Tag für Tag an Kraft. Ein idealer und sehr stimmiger Zeitpunkt, um das alte Jahr und seine Ereignisse zu verabschieden, damit Raum geschaffen wird für das Neue. Ein guter Tag in dieser Zeit ist Sylvester, der letzte Tag des Jahres, um das Alte zu lösen und sich ganz bewußt davon zu verabschieden.

Die Begegnung mit dem Raum und der Zeit

Zu Beginn der feinstofflichen Reinigung am frühen Morgen wäre es sehr stimmig, wenn Sie vorher ins Bad gehen und sich frischmachen, damit Sie wirklich hellwach und alle Sinne vom Schlaf befreit sind. Anschließend begeben Sie sich in Ihr Wohnzimmer oder Eßzimmer, entzünden eine rote Kerze und setzen sich ganz bequem auf einen Stuhl oder Sessel. Blicken Sie auf die rote Kerze und ihre Flamme. Lassen Sie sich ganz ein auf die Kraft dieses Lichts und seine Erscheinung. Atmen Sie ruhig und regelmäßig ein und aus und werden Sie dabei ganz entspannt und gelöst. Schließen Sie Ihre Augen und sammeln Sie Ihre Gedanken. Bleiben Sie dabei ruhig und atmen Sie ganz natürlich weiter. Besinnen Sie sich jetzt auf Ihre fünf Sinne, indem Sie mit dem inneren Sehen beginnen.

Nehmen Sie sich selbst über Ihr inneres Auge wahr. Stellen Sie sich das Licht der Kerze vor, wie es sich Ihnen nähert und Sie mit ihrem Licht und ihrer Wärme erfüllt. Lassen Sie sich berühren und erfüllen von dieser natürlichen Kraft. Es wird heller und lichter, Ihr innerer Blick wird klarer und reiner. Sie sind erfüllt von diesem Licht und dieser Wärme. Sie sind hellwach und nehmen Ihre inneren Bilder ganz deutlich wahr.

Betrachten Sie weiter Ihre inneren Bilder und beginnen Sie zu horchen, was diese Ihnen sagen wollen. Hören Sie auf die Stimme Ihres Herzens und begegnen Sie den Bildern und Worten, die Ihnen vermittelt werden, mit Offenheit und Wahrhaftigkeit. Lauschen Sie den Wortklängen oder auch dem Gesang, der Ihnen geschenkt wird. Nehmen Sie die Melodie des Lebens an und erhören Sie ihre Botschaft, die für Sie bestimmt ist.

Schauen Sie weiterhin auf Ihre inneren Bilder und horchen Sie auf Ihre innere Stimme. Spüren Sie nach, was Sie beim Sehen und Hören über Ihre Sinne fühlen. Lassen Sie sich ganz ein auf das Gefühl des Seins im Hier und Jetzt. Seien Sie allgegenwärtig und ganz präsent. Erspüren Sie ihren Körper und Ihr Gefühl, die Reize und Empfindungen. Lassen Sie sich erfüllen vom Licht und der Wärme der Kerze und einhüllen in diese Kraft.

Bleiben Sie bei Ihren inneren Bildern, der Melodie und den Worten, welche Sie hören, und bei Ihrem Wohlgefühl, das Sie erfüllt. Nehmen Sie jetzt ganz bewußt über Ihre Nase den Duft um Sie herum wahr. Atmen Sie die Energie Ihrer Umgebung mit vollem Herzen ein und genießen Sie dabei jeden Atemzug. Spüren Sie die Kraft des Lebens, wie Sie sie aufnehmen und sie Ihren Körper durchdringt, Ihren Geist beflügelt und Ihre Seele aufleben läßt. Erfreuen Sie sich dieser Lebenskraft und dieses Lebensduftes auf jeder Ebene Ihres Seins und lassen Sie sich von diesen Düften durchdringen.

Erleben Sie durch diese Verbindung Ihrer ersten Sinnesbegegnungen, wie sich diese vereinigen und auf welchen Geschmack Sie dadurch kommen. Geben Sie sich diesen sinnlichen Genüssen ganz hin und lassen Sie sich diese auf der Zunge zergehen. Schmecken Sie diesen ganz bewußt nach und nehmen über Ihren Gaumen diese wahren Kostbarkeiten des Lebens, welche für Sie bestimmt sind, wahrhaftig an.

Bleiben Sie noch in diesen Empfindungen und nehmen Sie über Ihre fünf Sinne den Raum, in dem Sie sich befinden, einschließlich des gesamten Lebensraumes wahr und verbinden Sie sich mit ihm. Begegnen Sie ihm über Ihr Sinneserleben und nehmen Sie ihn als Wesenheit wahr. Blicken Sie dieses Wesen an und erkennen Sie seine Wahrhaftigkeit. Horchen Sie auf seine Worte oder die Melodie des Raumes. Erleben Sie den Gefühlsaustausch zwischen Ihnen beiden und spüren Sie Ihren Empfindungen dabei nach. Nehmen Sie über Ihre Nase und Ihren Gaumen den Duft und den Geschmack des Raumes wahr. Erkennen Sie den Raum als ganzheitliche Wesenheit, mit all seinen Organen, körperlichen, geistigen und seelischen Kräften. Ein »menschliches« Wesen in Form eines Raumes begegnet Ihnen und beginnt mit Ihnen zu kommunizieren. Halten Sie diese Verbindung aufrecht und lassen Sie sich im Ritual durch sie begleiten.

Atmen Sie jetzt ganz bewußt tief ein und aus, sein Sie ganz präsent in Ihrem Raum und öffnen Sie, wann immer es für Sie stimmt, Ihre Augen.

8. Die verschiedenen Hilfsmittel und die Durchführung der Reinigung

Unabhängig davon, mit welchen Hilfsmitteln Sie Ihre Räume reinigen, Sie sollten sich diese bereits am Abend vor der Reinigung zurechtlegen und auf Vollständigkeit prüfen, damit Sie nicht an diesem Tag anfangen müssen zu suchen und eventuell etwas fehlt. Bestimmen Sie auch bereits am Tag der Vorbereitung, mit welchem Raum und an welchem Platz Sie beginnen wollen. Sollte Ihnen während der Meditation ein anderer Raum oder Platz stimmiger erscheinen, dürfen Sie sich ruhig neu entscheiden.

Sorgen Sie bereits jetzt dafür, daß alle Fensterbänke und Außentüren frei sind, um nach dem Reinigen ungehindert lüften zu können. Überprüfen Sie auch, daß nichts durch die entstehende Zugluft herunterfallen oder wegfliegen kann. Dies würde nur unnötig stören. Schalten Sie, sofern vorhanden, alle Rauch- bzw. Feuermelder ab, um keinen unerwarteten Besuch der Feuerwehr zu bekommen. Stellen Sie eine Decke, einen Eimer Wasser und/oder einen Feuerlöscher als Sicherheitsmaßnahme an einen sicheren Platz im Raum. Sie hantieren mit Rächerkohle und Feuer in geschlossenen Räumen, deshalb sollten Sie diese Vorsichtmaßnahmen treffen, um bei einem versehentlichen Umkippen oder Herunterfallen einer heißen Räucherschale löschen zu können.

Das Rauchwerk, Schalen, Kohle und Sand

Wenn Sie Ihre Räume mit Räucherwerk reinigen, empfiehlt es sich, wegen des Gebrauchs von Räucherkohle und Feuersand in der Küche alles auf der Arbeitsplatte vorzubereiten. Zum ersten haben Sie hier in der Regel genügend Platz, zum zweiten gibt es fließendes Wasser und ein Waschbecken und zum dritten ist die Arbeitsfläche unempfindlich gegenüber der Funkenbildung beim Entzünden der Räucherkohle. Es ist sehr empfehlenswert, wenn Sie pro Zimmer eine Räucherschale verwenden. Hierfür können Sie alte Teller, Schalen oder auch Aschenbecher nehmen. Wichtig ist nur, daß diese feuerfest sind und anschließend nicht mehr gebraucht werden. Das heißt, benutzen Sie diese Schalen und Teller auf keinen Fall noch im Alltag, sondern nur zum Reinigen Ihrer Räume. Mehr dazu am Ende dieses Kapitels.

Wenn Sie z. B. eine Wohnung mit insgesamt acht Räumlichkeiten, einschließlich des Flures, der Toilette und des Bades, haben, dann verwenden Sie acht Schalen. Sollte das Wohn- oder Eßzimmer oder auch ein anderer Raum mehr als 20 qm Fläche haben, ist es hier stimmiger, wenn Sie zwei Schalen einkalkulieren.

Bei einem großen Haus mit mehr als 10 oder 12 Räumlichkeiten oder einer Fläche von mehr als 150 qm empfiehlt es sich, etagenweise vorzugehen. Zuerst die Wohnbereiche im Erdgeschoß und Obergeschoß, anschließend die Kellerräume und das Dachgeschoß.

Zum Reinigen mit Rauchwerk gibt es verschiedene Räuchermischungen oder auch Einzelsubstanzen wie z. B. Salbei, welcher sich sehr gut für eine Reinigung eignet. Ich persönliche verwende seit über zehn Jahren die Räuchermischung »Kraft der Reinigung«. Hier sind verschiedene Bestandteile wie z. B. Weihrauch, Myrte, Wacholder, Bernstein, Kampfer und Rosmarin enthalten. Das ist eine erfahrungsgemäß sehr stimmige Kombination für die feinstoffliche Reinigung von Räumen.

Nachdem Sie sich selbst und den Raum auf die Reinigung eingestimmt haben, breiten Sie alles für die feinstoffliche Reinigung auf der Arbeitsplatte in Ihrer Küche aus. Stellen Sie zuerst eine rote Kerze auf und entzünden Sie diese mit dem bewußten Gedanken, jetzt in diesem Augenblick mit dem Ritual zu beginnen. Das Entzünden der Kerze symbolisiert den Anfang dieses Aktes. Dann nehmen Sie die Schalen oder auch Teller, die Sie benötigen, und stellen diese vor der Kerze auf. Jetzt füllen Sie die Schalen mit Feuersand. Sie können auch gerne Quarzsand verwenden, und wenn Sie trockenen Fluß-, See- oder Meersand zu Hause haben, können Sie diesen gerne verwenden oder auch mit Ihrem

Das Entzünden der Holzkohle

Belegte Räucherschälchen

Quarzsand mischen. Der Sand steht für die elementare Kraft der Erde, aber auch für die Kraft des Wassers, weil er von sehr feiner Struktur ist, an der Oberfläche Formen annehmen kann, die an Wellen erinnern, und durch die Finger fließt wie Wasser. Außerdem wird Sand in den meisten Fällen aus Sand- und Kiesgruben gewonnen, die einen sehr hohen Wasseranteil besitzen, so daß er bei seiner Gewinnung von Wasser durchdrungen ist.

Nehmen Sie pro Schale je nach Größe 5 bis 10 Eßlöffel Sand, um die starke Hitze der Räucherkohle abzupuffern und auch der Kohle selbst eine entsprechende Grundlage zu geben.

Legen Sie in jede Schale eine Kohle auf den Sand, die Sie anschließend an der Kerze entzünden. Am besten nehmen Sie dazu eine Pinzette, mit der Sie die Kohle über die Kerze halten. Denn durch den getrockneten Spiritus in der Kohle entzündet sich diese sehr schnell und wird rasch heiß.

Bleiben Sie bei Ihrem Wirken mit bewußten Gedanken immer ganz bei sich und Ihrem Lebensraum und dem Thema der Handlung.

Nach etwa fünf Minuten bildet sich um die Kohle ein weißer Rand. Dies ist der Zeitpunkt, das Rauchwerk auf die Kohle zu legen. Nehmen Sie ½ bis 1 Teelöffel voll Räucherwerk pro Kohle und belegen Sie alle Schalen nacheinander.

Danach können Sie die einzelnen Schalen in den Räumen verteilen. Da sich die Schalen durch die glühenden Kohlen stark erhitzen, ist es sinnvoll eine Fliese, einen zusätzlichen Teller oder auch ein kleines Holzbrett unter die Schale zu stellen, um mögliche Brandflecken zu ver-

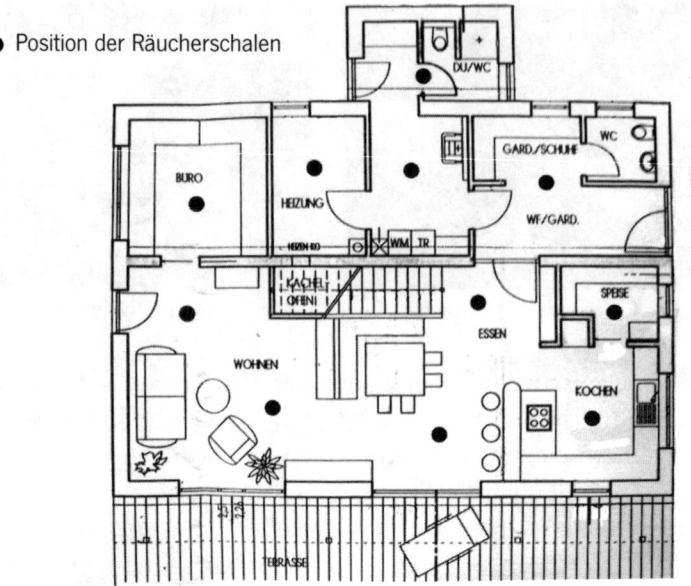

● Position der Räucherschalen

meiden. Stellen Sie keine Schalen mit Räucherwerk auf einen Teppichboden, da durch Funkenbildung der Kohle kleine Brandflecken entstehen können.

Die Räucherschalen plazieren Sie am besten ungefähr in der Mitte des jeweiligen Raumes, damit sich der Rauch bestmöglich entfalten kann. Sollten Sie für einen Raum mehr als eine Schale verwenden, verteilen Sie diese gleichmäßig im Raum. Halten Sie während der Reinigung alle Fenster und Türen geschlossen, damit sich der Rauch im Raum optimal entwickeln und entfalten kann. Stellen Sie Ihre Schalen so auf, daß sie nicht aus Versehen herunterfallen und/oder Sie darauftreten können. Siehe Abbildung.

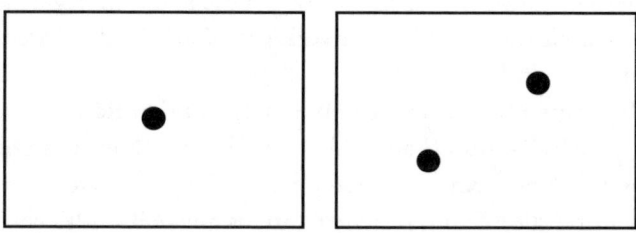

Nachdem Sie alle Ihre Schalen verteilt haben, begeben Sie sich in die Mitte Ihres gesamten Lebensraumes und halten Sie einen Augenblick inne. Gehen Sie in die Stille und zentrieren Sie sich. Bleiben Sie in Verbindung mit dem Raum und dem Thema der feinstofflichen Reinigung.

Nun begehen Sie nach 10 bis 15 Minuten jeden einzelnen Raum erneut und beobachten die Entwicklung des Rauches. Sehen Sie nach, ob das erste Räucherwerk schon verbrannt ist, und legen Sie dann nach. Hierzu kratzen Sie das verbrannte Rauchwerk von der Kohle und lassen es auf den Sand in die Schale fallen. Dann legen Sie wieder ½ bis 1 Teelöffel Räucherwerk nach. Gehen Sie so Raum für Raum vor.

Anschließend wäre es sinnvoll, in jedem Raum zu beobachten, wie der Rauch von der Schale aufsteigt und welche Form und Farbe er annimmt. Dies sieht man in der Regel am besten nach dem wiederholten Nachlegen des Rauchwerkes. Selbstverständlich können Sie dies auch bei der ersten Verteilung der Schalen in den Räumen machen. Auf Grund der geringeren Rauchentwicklung bei einer Erstreinigung sieht man in der Regel nicht allzuviel. Bei Räumen, die schon ein oder zwei Mal oder sogar regelmäßig gereinigt wurden, entwickelt sich gleich bei der ersten Belegung mit Rauchwerk eine sehr starke Rauchwolke im Raum.

Wenn Sie Ihre Räume das erste Mal reinigen, ist es durchaus normal, daß sich fast kein Rauch oder nur sehr wenig zeigt. Es ist vergleichbar mit einer Haarwäsche. Stellen Sie sich einmal vor, Sie würden sich vier Wochen lang Ihre Haare nicht waschen. Nach dieser Zeit würde sich beim ersten Waschgang wegen der hohen Verunreinigung so gut wie kein Schaum bilden. Erst beim zweiten oder dritten Waschen kann sich der Schaum richtig kraftvoll entwickeln, da der erste Vorgang den Hauptteil des Schmutzes bereits gelöst hat. Genauso ist es bei der Reinigung von Lebensräumen.

Ebenso verhält es sich, wenn der Rauch eine gelbliche, bläuliche oder sehr graue Farbe annimmt. Dies läßt gleichfalls auf einen sehr starken Reinigungsprozeß schließen. Allerdings mit dem Unterschied, daß im Gegensatz zur einer geringen Rauchentwicklung hier nicht nur eine feinstoffliche »Verunreinigung«, hervorgerufen durch jahrelanges Ansammeln von gelebten Informationen der Vorbewohner gelöst wird, sondern außerdem psychische Belastungen, welche durch sehr lange,

körperlich schwere Krankheiten, andauernden Streit, Depressionen, Vergewaltigung, Psychosen und ähnliches verursacht wurden und die Energie des Raumes durchdrungen und in Besitz genommen haben.

Bei einem feinstofflich gesehen freien und gelösten Raum würde sich bereits bei der ersten Verteilung der Schalen eine sehr starke Rauchentwicklung zeigen. Der Rauch entwickelt sich hier ungehindert, steigt wie eine Säule zur Decke auf und breitet sich über diese »pilzförmig« aus, um sich in jede Richtung des Raumes gleichmäßig zu verteilen.

Nachdem Sie Ihre Räucherschalen das zweite Mal belegt haben, warten Sie, bis alles vollständig verbrannt ist. In den meisten Fällen werden Sie, nachdem das Rauchwerk verbrannt ist, immer noch eine Rauchbewegung im Raum oder auch in einzelnen Räumen feststellen. Dies bedeutet, daß der Reinigungsvorgang noch nicht abgeschlossen ist. Das ist wie bei einer Waschmaschine: Solange sie sich noch bewegt, ist der Waschvorgang nicht beendet, und Sie können die Maschine nicht öffnen. Lassen Sie dem Rauch Zeit, sich in aller Ruhe zu verteilen, um die feinstofflichen Energien des Raumes zu trennen: diejenigen, die gelöst werden dürfen, von denen, die für den Raum und für Sie selbst nützlich sind und im Raum verbleiben sollen.

Wenn die Bewegung des Rauches nicht mehr zu sehen und zu spüren ist, dann spüren Sie sich in den Raum hinein und gehen Sie für sich in die Stille. Sie dürfen dazu die Mitte des Raumes aufsuchen, stehenbleiben oder sich auch setzen. Begeben Sie sich in eine Position, in der Sie sich wohlfühlen. Bleiben Sie in einer bewußten Verbindung mit dem Raum und danken Sie für die Kraft Ihres Wirkens. Gedenken Sie der Energien des Raumes, welche sich durch den Rauch gelöst haben, und bedanken Sie sich für die Zeit ihres Wirkens und ihres Daseins. Nehmen Sie ganz bewußt Abschied von diesen Kräften und bereiten Sie sie gedanklich auf ihre Reise aus den Räumen vor.

Bleiben Sie einige Zeit in dieser Stille und der mentalen Begegnung mit dem Raum und seinen feinstofflichen Energien. Wann immer es für Sie persönlich und Ihren Lebensraum stimmt, öffnen Sie Ihre Augen und erheben sich aus Ihrer Haltung.

Sammeln Sie nun alle Räucherschalen ein und tragen Sie sie zurück in den Raum, mit dem Sie begonnen haben. Stellen Sie die Schalen auf den ursprünglichen Platz bei der roten Kerze zurück. Lassen Sie die Kerze weiterbrennen, denn die Reinigung ist noch nicht abgeschlossen. Diese bitte erst ausblasen, wenn das Lüften der Räume beendet ist.

Bevor Sie die Fenster und Türen zum Lüften öffnen, wäre es sehr stimmig, wenn Sie jedem einzelnen Raum noch einmal begegnen und hineinspüren, wie es ihm geht und ob die zu verabschiedenden Energien des gesamten Lebensraumes bereit sind, sich zu trennen. Wenn es angebracht ist, warten Sie noch einige Zeit.

Nun öffnen Sie nacheinander die Fenster und sichern sie gegen ein selbständiges Schließen durch Wind und Zugluft, ebenso alle Türen in Ihrem gesamten Wohnraum. Öffnen Sie die Fenster ganz bewußt mit dem Gedanken, daß der Weg für die Energien, die sich vom Raum gelöst haben, jetzt frei ist und sie den Raum verlassen dürfen. Nachdem alle Fenster und Zimmertüren geöffnet wurden, gehen Sie zur Haus- oder Wohnungseingangstür, öffnen diese und laden die neue und frische Energie des Morgens ein, Ihre Räume zu durchdringen. Dadurch wird der Raum mit junger, natürlich gesunder und aufnahmefähiger Lebensenergie erfüllt. Diese ist zwar noch nicht von Ihrer persönlichen Energie durchdrungen, aber sie nimmt den freien Raum ein, der durch die Ablösung der alten Energie entstanden ist. Die »neue« Energie wird in kurzer Zeit von Ihnen und dem Raum erfüllt werden.

Das Lüften des Raumes kann zwischen fünfzehn Minuten und einer guten halben Stunde andauern. Sie werden, wenn der Rauch den Raum verlassen hat, eine große Klarheit und Reinheit in den Räumen wahrnehmen. Es ist ungefähr so, als würde man sich die Brille putzen. Man sieht alles viel deutlicher und reiner als vorher. Die Farben und Formen werden intensiver wahrgenommen, und es kommt einem vor, als wäre ein grauer, nebliger Schleier verschwunden. Für den Raum selbst und für Sie ist es eine Art Befreiung von etwas, das sie nicht sehen und greifen konnten.

Der Raum ist durch die Reinigung bzw. Trennung und Loslösung von verbrauchten und alten Energien erlöst worden und beginnt nun im wahrsten Sinne des Wortes, kräftig durchzuatmen. Das ist, als würden Sie mehrere Tage und Wochen mit einem schweren Rucksack durch unangenehm riechendes Ödland marschieren, und plötzlich nimmt Ihnen jemand diesen Rucksack ab, und Sie befinden sich mitten auf einer frischen Blumenwiese in herrlichster Natur. Als erstes würden Sie kräftig auf- und durchatmen, und Sie wird ein Gefühl von Freisein und Leichtigkeit durchströmen. Auch wenn sie vor Frische und Gesundheit strotzt, müßten Sie sich erst an diese neue Situation gewöhnen und in sie einleben. – Und genauso ergeht es Ihrem Lebensraum, wenn er nach vielen Jahren zum ersten mal feinstofflich gereinigt wird.

Während des Lüftens können Sie die Schalen mit dem Feuersand, der heißen Kohle und dem verbrannten Rauchwerk in ein großes feuerfestes Gefäß z. B. einen Blecheimer geben. Diesen stellen Sie am besten in den hinteren Teil Ihres Grundstückes oder, falls Sie eine Wohnung haben, in den Keller oder auf den Balkon. Lassen Sie den Inhalt dieses Gefäßes mindestens einen Tag lang ausglühen und entsorgen Sie ihn nicht gleich in die Mülltonne. Denn die Kohle hält noch über mehrere Stunden ihre Hitze und könnte dadurch einen Brand auslösen. Entleeren Sie den Eimer erst an dem Tag in die Mülltonne, wo sie von der Müllabfuhr entleert wird. Den Eimer bewahren Sie auch an dem Ort auf, wo Sie alle anderen Räucherhilfsmittel lagern.

Die Räucherschalen, die rote Kerze, das nicht verbrauchte Rauchwerk, Feuersand und Kohle sowie Ihre Räucherutensilien (Pinzette, kleiner Löffel, Streichhölzer) legen Sie in eine Kiste oder stabilen Karton und stellen alles in den Keller. Falls Sie keinen haben, können Sie das ganze auch in der Garage deponieren. Lassen Sie diese Gegenstände auf keinen Fall in Ihren Wohnräumen, denn es haften an diesen Hilfsmitteln und dem Zubehör gerne noch einige feinstoffliche Energieteilchen, die der vorangegangenen Reinigung entgegenwirken können. Verwenden Sie Ihr gesamtes Reinigungsmaterial ausschließlich nur noch zum Reinigen Ihrer Räume. Daher ist es auch empfehlenswert, nur altes und nicht mehr gebrauchtes Geschirr, Schalen usw. zu verwenden.

Nachdem alles verstaut wurde, können Sie Ihre Fenster und Türen wieder schließen. Betrachten Sie Ihre Räume und begegnen Sie ihnen, schreiten Sie von Raum zu Raum und lassen Sie in aller Ruhe jeden auf sich wirken. Gehen Sie für sich in die Stille und nehmen Sie geistig Verbindung mit Ihrem Lebensraum auf. Zeigen Sie sich und nehmen Sie Anteil an der feinstofflichen Veränderung des Lebewesens Raum.

Anschließend ist es sinnvoll, sich selbst zu reinigen und ein Bad zu nehmen oder unter die Dusche zu gehen. Nehmen Sie sich hierfür Zeit und reinigen Sie sich ganz bewußt von der Energie der feinstofflichen Reinigung des Raumes. Stellen Sie sich vor, wie die feinstofflichen Energien Ihres Körpers vom Wasser aufgenommen werden und abfließen. Bitten Sie gedanklich das Wasser, seine ganze reinigende Kraft auf Sie zu übertragen, um alle anhaftenden Teile des Rituals aufzunehmen und von Ihnen zu lösen.

Danach wäre es sinnvoll, für sich selbst in die Ruhe zu gehen. Sie können sich gerne hinlegen und ausruhen oder einen Spaziergang in freier Natur machen. Sinnvoll ist es, für diesen Tag nichts weiteres zu planen, sondern ihn nur für die Reinigung und Ihren Raum zu leben.

Klopfen, Schlagen und Klatschen – Instrumente des Menschen

Nachdem Sie die Kohlen zum zweiten Mal mit Rauchwerk belegt haben und sich der Rauch im Raum nicht mehr bewegt, gehen Sie kurz in die Stille und bereiten Sie sich auf Ihr Tun vor.

Wenn Sie schon etwas geübter im feinstofflichen Reinigen mit Rauchwerk sind und sich sicherer fühlen, können Sie diesen Akt durch Klopfen, Schlagen und Klatschen vertiefen und intensiver gestalten.

Selbstverständlich kann man diese Instrumente des Menschen auch ohne zu räuchern für einen reinigenden Vorgang einsetzen. Jedoch ist die Einwirkung mit Rauchwerk eindringlicher und wirksamer, auch aus dem einfachen Grund, weil man sich in der Regel mehr Zeit dafür nimmt und dem Akt der Reinigung mehr Aufmerksamkeit geschenkt wird. In sehr vielen Fällen bezieht man das Klatschen während der Reinigung mit ein. Durch diesen »Knalleffekt« wird die Luft zwischen den beiden Handflächen komprimiert und so entsteht ein Druck, der sich beim Berühren der Handflächen mit einem lauten Geräusch entlädt. Das ist so ähnlich wie bei einer Papiertüte, die aufgeblasen und dann zum Platzen gebracht wird. Darum ist ein Klatschen mit den Handflächen immer effektvoller als wenn Sie z. B. mit den Fingerflächen klatschen würden.

Ein Klatschen mit flachen Handflächen erzeugt einen helleren und höheren Ton als ein Klatschen mit gewölbten Handflächen. Dann wird ein tieferer und dumpferer Ton erzielt. Somit haben Sie durch die Nutzung unterschiedlicher Wölbungen Ihrer Handflächen eine Vielzahl von Möglichkeiten, in verschiedenen Tonlagen zu klatschen. Je nach Raumkörper wird die akustische Klangresonanz entsprechend vielfältig klingen. Spüren Sie sich selbst hinein, wie geräuschvoll und mit welcher Tonlage Sie die feinstoffliche Reinigung unterstützen wollen. In der Praxis zeigt sich sehr oft, daß sich die Art und Weise des Klatschens von Raum zu Raum verändert. Rhythmus, Tonlage und Lautstärke können so in unterschiedlicher und individueller Form die feinstoffliche Energie des Raumes durchdringen und die Energien von einander trennen.

Durch das Klatschen während der Reinigung wird, wie beim Applaus, die Energie, die während einer Aufführung entstanden ist, aufgelöst, damit sich Publikum und Künstler nach der Darbietung von einander trennen können. Stellen Sie sich einmal vor, die Vorführung ist beendet und die Zuschauer verlassen ohne zu klatschen den Raum. Sie könnten sich nicht wirklich lösen, und es würde das seltsame Gefühl einer noch unsichtbaren, also feinstofflichen Verbindung an ihnen haften.

Daher kann das Klatschen ein sehr hilfreiches Instrument während einer feinstofflichen Reinigung sein, ein Instrument, das Sie immer bei sich tragen und jederzeit einsetzbar ist.

Beim Klopfen und Schlagen handelt es sich um eine andere Form des Klatschens. Hier wird in einer tieferen Klangfarbe mit einer Hand eine andere Fläche z. B. Tür, Boden oder Möbelstück berührt. Man kann diese Form anwenden, wenn man sonst keine anderen Hilfsmittel zur Verfügung hat. Bei der Reinigung der Räume kann das Schlagen und Klopfen auf Türen, Böden und auch Möbelstücken, die aus Holz gefertigt wurden, die Energien leichter lösen. Dies ist, wie das Klatschen, eine sehr wirkungsvolle und einfache Methode, die Energien im Raum »wachzurütteln«.

Vergleichbar wäre dies, wenn Sie jemanden unbedingt erreichen wollen, vor seiner Tür stehen und die Person die Hausglocke nicht hört. Was machen Sie als nächstes? Sie klopfen an die Türe. Erst verhalten und dann immer stärker. Wenn das noch nicht gehört wird, werden Sie in ein Schlagen an die Tür übergehen, um die Schlafenergie im Raum zu lösen, damit die Person wach wird. Genauso verhält es sich bei der feinstofflichen Reinigung von Räumen, deren Energie sehr stark im Raum ruht und in ihm verhaftet ist. Nur durch das Wachschlagen, Klatschen oder Klopfen läßt sie sich wirklich lösen, und erst dann kann eine effektive Reinigung geschehen.

Wenn Sie während des Rituals mit Ihrem Raum bewußt in Verbindung bleiben, werden Sie über Ihre Wahrnehmung spüren, ob diese Unterstützung sinnvoll und stimmig ist.

Holzstock und Stimmgabel als Instrumente der Klärung

Als instrumentale Hilfsmittel können Sie einen einfachen Holzstock oder auch eine Stimmgabel als wertvolle Begleiter bei der feinstofflichen Reinigung Ihrer Räume einsetzen. Der Holzstock bzw. Holzstab dient als eine Art Verlängerung des Armes, aber auch, um für die Reinigung Ihre Impulse auf den Punkt zu bringen. Denn mit einem Finger können Sie nicht auf etwas »schlagen«. Mit einem Holzstock sind Sie in der Lage, punktgenau einen wirkungsvollen und kräftigen Impuls zu geben. Durch leichtes Schlagen oder auch Klopfen auf Türen, Fußboden oder Möbelstücke, ist es Ihnen möglich, die Energien im Raum und von Einrichtungsgegenständen wachzurütteln und damit leichter zu lösen.

Natürlich dürfen Sie diesen »Zauberstab« auch benutzen, um auf Ihre Wände und Decken zu klopfen, um auch hier die Reinigung kraftvoll zu unterstützen. Ein leichtes und feinfühliges Vorgehen ist bei allen Berührungen mit dem Stab zu empfehlen, um den Raum und was darinnen ist nicht zu verletzen.

Die Stimmgabel ist aus Metall, und beim Anschlagen an einen Gegenstand wird ein Ton erzeugt, der einige Zeit nachklingt. Dieser Ton ist bei den allermeisten Stimmgabeln der so genannte Kammerton in der Tonlage »a« (440Hz-Frequenz). Der Ton »a« ist zugleich der bekannte Herzton. Durch Einstimmen auf den Ton »a« wird das Herzchakra berührt und erweitert. Diese Herzqualität wird durch die Stimmgabel und ihren Grundton auf den Raum übertragen.

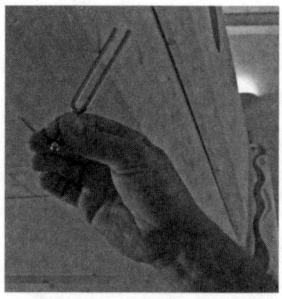 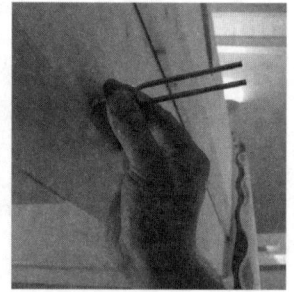

Wenn Sie die Stimmgabel oder den Holzstab bei der Reinigung Ihrer Räume einsetzen, erhöhen Sie im wahrsten Sinn des Wortes die Einwirkung Ihrer Handlung. Der erzeugte Klang erweitert Ihre und auch die Herzqualität des Raumes und berührt auf wohlklingende Weise die Seele der feinstofflichen Energien bei der klangvollen Reinigung.

Bei dieser Vorgehensweise ist es sehr stimmig, wenn Sie beim Anschlagen der Stimmgabel diese ausklingen lassen, um dem Ton selbst nachzuhorchen und im Raum nachklingen zu lassen. Wichtig ist hier ein gezieltes Anschlagen auf bestimmte Punkte im Raum und nicht ein permanentes Schlagen in kurzen Abständen. Weniger ist hier mehr und hilfreicher.

In manchen Fällen wird eine Klangschale eingesetzt, um Räume zu reinigen. Dies ist in Verbindung mit einer Räucherung eine ebenfalls sehr wirkungs- und klangvolle Methode, Räume zu reinigen.

Elementare Musik als kraftvolle Unterstützung

Eine sehr kraftvolle Vorgehensweise bei der feinstofflichen Reinigung von Räumen ist die Verknüpfung von Rauch und Musik. Wenn Sie Freunde, Bekannte oder Familienmitglieder haben, die Freude am Trommeln, Didgeridoospielen oder an anderen elementaren Musikinstrumenten haben, können sie beim Reinigungsvorgang eine sehr stimmige und intensive Unterstützung sein. Gehen Sie allerdings vorher in die Wahrnehmung und überprüfen Sie, ob es für das Ritual und den Raum stimmt, wenn mehrere Personen mit Instrumenten dabei sind.

Vielleicht ist es förderlicher, wenn nur Sie selbst mit einer Trommel, einem Didgeridoo oder einem anderen Instrument die Reinigung musikalisch begleiten.

Wenn mehrere Personen mit verschiedenen Instrumenten rhythmisch miteinander spielen, entsteht eine ganze Symphonie, die den Raum durchdringt und kraftvoll auf den reinigenden Prozeß einwirkt. Mit so einem »Orchester« haben Sie ein sehr mächtiges Instrument als Begleiter für eine segensreiche und klangvolle Reinigung Ihrer Räume.

Wichtig ist zu erwähnen, daß ein sehr rhythmusbetontes Spielen wichtig ist. Hierfür sind vor allem Trommeln ein sehr natürliches und geeignetes Instrument.

Eine rein melodische Begleitung z. B. mit klassischen Instrumenten wie Klarinette, Geige, Trompete, Klavier udgl. wäre sinnvoll, nachdem die Räume gereinigt und gelüftet worden sind. Hier können Sie dem Raum als krönenden Abschluß Inhalt und Werte schenken, indem Sie durch das Instrument und einer frei improvisierten Melodie die Energie des Raumes erfüllen. Mehr dazu im nachfolgenden Kapitel.

9. Wertvolles und förderliches Wirken während des Reinigungsprozesses

Es gibt mehrere Vorgehensweisen, um eine feinstoffliche Reinigung tiefer und wirksamer zu gestalten. Ansatzweise haben Sie einige Grundbausteine im vorigen Kapitel schon vorgestellt bekommen. Nun möchte ich die Möglichkeiten, ein vertieftes und schöpferisches Wirken während des Reinigungsprozesses zu erreichen, näher beschreiben.

Die geistige, spirituelle Mitwirkung

Auf mentaler Ebene können Sie, wie schon erwähnt, während der Reinigung für sich in die Stille gehen, um das Ritual meditativ zu begleiten. Hierzu wählen Sie sich einen Platz in der Mitte Ihres Lebensraumes. Sie können sich dazu auf den Boden setzen oder auch stehenbleiben. Wichtig ist, daß Sie sich ganz entspannt und in Ihrer Haltung sicher fühlen. Atmen Sie ruhig und regelmäßig ein und aus. Besinnen Sie sich auf die gegenwärtige Handlung und gehen Sie dabei ganz bewußt in Verbindung mit Ihrem Raum. Lassen Sie sich ganz einhüllen von dieser rituellen Handlung und werden Sie zu einem Teil von ihr. Achten Sie allerdings darauf, daß Sie um sich herum einen Schutzraum schaffen, um nicht selbst in den Prozeß der Reinigung einbezogen zu werden. Denn dann kann es passieren, daß sich Energien, die den Raum verlassen sollten, an Sie anhaften und Ihnen dadurch wertvolle Kraft genommen wird.

Stellen Sie sich nun vor, wie sich die alten und verbrauchten Energieanteile aus dem Raum lösen und mit dem Rauch verbinden. Erweitern Sie dieses Bild in Ihrem Bewußtsein nun Schritt für Schritt über den gesamten Lebensraum aus. Bewegen Sie sich geistig durch Ihren ganzen Wohnraum. Begegnen Sie dabei in Ihrer Meditation jedem Bereich und jedem Winkel Ihres Lebensraumes. Und bleiben Sie bei Ihrer Vorstellung, wie sich die Energieanteile aus dem Raum lösen und mit dem Rauch verbinden.

Danken Sie dabei den Energien für Ihr bisheriges Wirken im Raum und lassen Sie diese Kräften wissen, daß Sie Ihnen diesen Rauch anbieten als Dank für alles, was bisher geleistet wurde. Breiten Sie Ihre Arme aus und laden Sie diese Energien ein, das Geschenk des Rauches zu empfangen. Teilen Sie ihnen mit, daß sie damit die Möglichkeit haben, sich nach der langen Zeit ihres Wirkens von diesem Raum zu lösen und mit Hilfe dieses Geschenks in das Universum einzugehen, um selbst aufzutanken und neue Kräfte zu empfangen.

Schließen Sie diese Meditation in tiefer Dankbarkeit, Ehrfurcht und mit einer Verneigung vor diesen Wesenheiten ab. Verweilen Sie noch einige Zeit in Ihrer Position und werden Sie sich des Raumes und Ihres Körpers ganz bewußt. Atmen Sie ruhig ein und aus und öffnen Sie, wenn es für Sie stimmt, die Augen. Begegnen Sie nun jedem einzelnen Raum, beginnen Sie die Schalen einzusammeln, um anschließend den Raum zu lüften, und verabschieden Sie die Energien, die den Raum nun verlassen.

Die sprachliche und kommunikative Begegnung

In dem obigen Abschnitt wurde aufgezeigt, wie man das Ritual der feinstofflichen Reinigung gedanklich und meditativ begleiten und vertiefen kann. Diese Gedanken kann man natürlich auch zum Ausdruck und in eine Form bringen, indem man sie ausspricht und eine Zwiesprache mit dem Raum führt.

Gehen Sie dabei ebenso vor, wie im vorhergehenden Abschnitt beschrieben. Suchen Sie die Mitte Ihres Lebensraumes auf und nehmen Sie am Boden eine bequeme Haltung ein oder bleiben Sie stehen. Bei dieser Methode können Sie die sprachliche Begegnung auch gerne kniend suchen. Atmen Sie ruhig ein und aus. Werden Sie sich der Handlung ganz bewußt und schaffen Sie sich einen Schutzraum. Gehen Sie in die Stille und zentrieren Sie Ihre Gedanken. Bleiben Sie dabei ruhig und entspannt. Seien Sie nicht aufgeregt und nervös, nur weil Sie mit Ihrem Lebensraum sprechen werden. Haben Sie keine Angst vor einem Versprecher oder einer sprachlichen Pause, weil Sie nicht mehr weiterwissen. Sollte das geschehen, sammeln Sie sich und gehen kurz in die Stille, um dann fortzufahren. Die feinstoffliche Reinigung wird dadurch nicht beeinträchtigt.

Nun folgt eine Formulierung, wie ich sie persönlich in der Praxis bei der feinstofflichen Reinigung von Räumen vielfach einsetze.

Selbstverständlich gibt es eine Vielzahl von verschiedenen Interpretations- und Variationsmöglichkeiten, die Sie sprechen können. Es ist von Wohnraum zu Wohnraum unterschiedlich. Lassen Sie sich durch die Kraft des Rituals und die Energie des Raumes führen und inspirieren. Denn auf solche »sprachlichen Begegnungen« kann man sich nicht wirklich vorbereiten, sondern man muß es vielmehr geschehen lassen.

Wiederholen Sie Ihre Formulierung mehrmals, denn durch die Wiederholung bekommt die Anrufung mehr Gewicht, und daraus resultiert eine erhöhte Wirksamkeit. Sie werden merken, daß Sie die Worte bei der Wiederholung lauter und kräftiger aussprechen werden. Dies ist ein willkommener Effekt, der Ihnen und dem Ritual mehr Kraft verleiht.

Seien Sie mutig und kreativ und lassen Sie Ihrem Wortfluß während der Reinigung freien Lauf. Lassen Sie es geschehen und freuen Sie sich auf die Begegnung.

Hier ein Beispiel für eine wahrhaftige und kommunikative Begegnung zwischen dem Menschen und der Energie seiner Räume:

Ich rufe an die Energien und Kräfte dieses Raumes.
Kommt herbei, aus den Decken, aus den Böden, aus den Wänden.

Ich rufe euch an, ihr Energien dieser Räume.
Kommt herbei, aus allen Bereichen, allen Ecken, allen Winkeln.

Kommt herbei, ihr, die ihr so viel für diese Räume und uns Menschen geleistet habt.
Ihr, die ihr diese Räume belebt und beseelt habt. Kommt herbei.
Ihr, die uns und unseren Räumen soviel geschenkt und gegeben habt.
Kommt herbei.

Wir danken euch für euer Dasein und für alles, was ihr für unsere Räume und uns Menschen zu unserem Wohle geleistet habt.

Wir danken für euer Wirken in diesen Räumen und für die Kraft, die durch euer Wirken diesen Räumen und uns Menschen zuteil wurde.

Ihr habt vieles geleistet und vollbracht, ausgefüllt und vollendet durch eure Anwesenheit.
Ihr waret unermüdlich in eurem Wirken zum Wohle dieser Räume und zum Wohle von uns Menschen, die in diesen Räumen leben.

Für all euer Wirken und eure Kraft danken wir von ganzem Herzen.

Kommt herbei und nehmt diesen Rauch, den Duft der Harze und Kräuter und die wärmende Kraft des Feuers an als unser Geschenk für euer wertvolles Schaffen und Wirken in unseren Räumen.

Nehmt dieses Geschenk von uns an als euren Proviant für die Reise zur Erholung und Erneuerung eurer Energie.
Nehmt es an für die Reise ins ewige Universum. Dieser unendliche Raum wird euch neue Lebenskraft schenken. In diesem Raum könnt ihr selbst Erholung erfahren und neue Kräfte aufnehmen.

Nehmt an dieses Geschenk, diesen Rauch, den Duft der Harze und Kräuter und die wärmende Kraft des Feuers, die euch begleiten auf eurer Reise.
Wir danken für alles, was ihr uns gegeben habt, und wünschen euch eine segensreiche Reise in die Ewigkeit. Auf daß wir uns eines Tages wieder begegnen, mit neuer Kraft und neuer Energie.

Nun ist es Zeit, Abschied zu nehmen, Abschied von diesen Räumen, diesem Ort. Wir verabschieden euch und werden nun den Raum öffnen, damit ihr euch von diesen Räumen mit unserem Dank und unserem Geschenk lösen könnt.

Ihr seid frei und losgelöst von allen Aufgaben in diesen Räumen.
Begleitet von unserem Dank, wünschen wir euch eine kraftvolle Reise und eine segensreiche Zeit in der Unendlichkeit unseres gemeinsamen Universums. Dem Paradies der Ewigkeit.

Gerne dürfen Sie sich diese Worte abschreiben und auch beim ersten Reinigen Ihrer Räume vorlesen. Das gibt für den Anfang Sicherheit, und Sie haben einen Roten Faden, an den Sie sich halten können.

Es wäre jedoch sehr sinnvoll, wenn Sie sich bereits zu Anfang selbst Gedanken machen, welche Worte Sie sprechen möchten. Schreiben Sie diese auf und lesen Sie dann Ihre Worte während der Reinigung vor. Denn dann fließt Ihre eigene kreative und gedankliche Energie, die Sie in Worte gekleidet haben, in das Ritual mit ein.

Schaffen Sie sich selbst Ihren persönlichen Wortlaut und geben Sie Ihre schöpferische Kraft in diesen sehr persönlichen und privaten Prozeß der feinstofflichen Reinigung hinein.

Natürlich dürfen Sie auch während oder nach der Reinigung ein für Sie bekanntes und stimmiges Gebet sprechen. Sei es ein Vater Unser, den Rosenkranz oder auch andere Gebete aus Ihrem Glauben. Sie sollten sich dabei wirklich wohlfühlen und von Herzen Ihr ganzes Sein in dieses Ritual zum Wohle des Raumes und der Menschen, die in diesen Räumen leben, mit einfließen lassen.

Die rhythmische und melodische Begleitung

Wie bereits erwähnt, kann man mit verschiedenen Instrumenten den Akt der Reinigung begleitend unterstützen und intensivieren. Achten Sie darauf, daß die musikalische Begleitung sehr rhythmusbetont ist. Denn die Vorgänge in der Natur folgen auch einer sich wiederholenden Regelmäßigkeit, etwa Sonnenauf- und -untergang, die aufeinanderfolgenden Jahreszeiten, das Säen, Pflegen und Ernten, Geburt, Leben und Tod, um nur einige zu nennen. Es gibt kleine rhythmische Zyklen und auch größere, aber alles folgt einer bestimmten Gesetzmäßigkeit oder Gleichmäßigkeit. Diese natürliche Kraft können Sie mit einfließen lassen und sich dem Klang der Natur anschließen. Wie ein Gewitter, das durch wiederholten Blitz und Donner den Landschaftsraum erfüllt und ihn von der schwülen und drückenden Hitze und Trockenheit befreit.

Für die melodische Begleitung nach dem Akt der Reinigung bzw. dem Lüften der Räume können Sie diese mit Klängen erfüllen, mit Gesang oder instrumental, wie in der Natur nach einem reinigenden Gewitter die Vögel den Landschaftsraum mit Ihrem melodischen Gesang erfüllen. Wenn Sie ein Musikinstrument spielen, seien Sie kreativ und spielen Sie aus dem Bauch heraus eine improvisierte Melodie oder ein Stück aus Ihrem Repertoire. Sie schenken dem Raum, der frei und gelöst von alten Energien ist, eine neue erfüllende Kraft. Diese Energie durchdringt den Raum und sammelt sich in ihm an. Das ist ein klangvoller und wunderbarer Neubeginn.

Wenn es Ihnen möglich ist, verbinden Sie die Musik mit Gesang. Sie können den Raum mit der Verbindung von Gesang und Tanz oder auch Musik, Gesang und Tanz segensreich und kraftvoll einweihen. Hier steht Ihnen eine Vielzahl von Möglichkeiten zur Verfügung, die Sie je nach Anzahl der beteiligten Personen und Begabungen einsetzen können. Ganz gleich, in welcher Form Sie sie zum Ausdruck bringen, Musik, Gesang und Tanz sind immer eine schöpferische, harmonische und seelenstarke Gestaltungsweise, die Mensch und Raum in ihrer Seele gleichermaßen berührt. Diese drei melodischen Arten des Ausdrucks vermögen es wie keine andere Kraft, Menschen wirklich zu berühren und Räume zu durchdringen.

10. Die Anknüpfung durch rituelle Handlungen

Wenn Sie Ihre Räume gereinigt haben, ist es sehr sinnvoll, sich nicht erst bei der nächsten Reinigung wieder dem Raum zu widmen, sondern ihn durch weitere rituelle, sich wiederholende und aufbauende Handlungen zu bereichern.

Der Sinn einer rituellen Handlung im Leben und im Raum

Der Nutzen einer rituellen Handlung besteht im wesentlichen darin, daß Sie sowohl für Ihre Räume als auch für sich selbst die Quellen der feinstofflichen Lebensenergie erschließen und diese einladen, Ihren Raum und Sie selbst segensreich zu erfüllen.

»Denn der Mensch lebt nicht vom Brot allein.« Diese sehr weise Aussage bringt es zum Ausdruck. Wir leben auch von der Energie des Lebens, die wir nicht sehen. Diese Energie schenkt uns wahre Lebenskraft, Liebe, Glück, Segen und ein wirkliches Erkennen der unsichtbaren Lebenskräfte.

Durch eine rituelle Handlung begegnet man seinem eigenen inneren Wesen und der Wesenheit des Raumes und durchschreitet dadurch ein Tor, das einem die Schöpfung der feinstofflichen Welten offenbart. In dieser Offenbarung begegnet man der wahren Kraft des Lebens, der Essenz, die das Leben ermöglicht. Diese »andere« Welt wird durch die Kraft des Rituals in unser Leben integriert und als natürliche Lebensenergie erkannt und aufgenommen.

Eine rituelle Handlung ist nicht immer mit einer großen Zeremonie verbunden wie etwa das Reinigen der Räume. Kleine, alltägliche Dinge wie das morgendliche Aufstehen, die körperliche Reinigung im Bad, das

139

Frühstück usw., all das sind sich wiederholende Vorgänge, die von unserem Körper, ausgelöst vom geistigen Impuls, ausgeführt werden. Wenn wir diesen Handlungen mit vollem Bewußtsein begegnen und mit der Kraft unseres Herzens ausführen, dann werden diese Handlungen zu einem segensreichen Ritual, zu einem Dienst an der eigenen Schöpferkraft auf körperlicher, geistiger und seelischer Ebene, zum Wohle des Raumes und unseres eigenen Wesens.

Die tägliche Begegnung mit dem Raum

Kleine bewußte Handlungen können unser Leben sehr nachhaltig bereichern. Bereits am Morgen nach dem Aufstehen kann man den neuen Tag begrüßen. Heißen Sie ihn willkommen und freuen Sie sich auf den neuen Beginn. Wenn Sie aufstehen und das Fenster Ihres Schlafzimmers öffnen, können Sie diesen neuen Tag mit einem gedanklichen oder auch gesprochenen Willkommensspruch begrüßen. Laden Sie diese Kraft ein und freuen Sie sich auf die Möglichkeiten, die Ihnen das Leben an diesem Morgen schenkt.

Nachdem Sie aufgestanden und den beginnenden Tag begrüßt haben, können Sie bereits Ihre Schlafstätte und das Schlafzimmer feinstofflich reinigen. Schütteln Sie Ihr Bett kräftig aus und klopfen Sie auf Ihre Matratze. Durch ein kräftiges Schütteln und Klopfen lösen Sie förmlich die Energie der Nacht und Ihrer Träume aus Kopfkissen, Bettdecke, Matratze und dem Schlafraum selbst. Durch das Lüften des Raumes wird der gelösten Energie die Möglichkeit gegeben, den Raum zu verlassen. Denn während einer Nacht sammelt sich in Gedanken und Träumen viel Energie an, die den Raum erfüllt. Durch ein bewußtes Reinigen des Bettzeugs und des Raumes können Sie diese Kräfte lösen und befreien. Ihr Schlafzimmer kann sich von der Energie der vergangenen Nacht erholen und Ihnen einen freien Raum für die kommende Nachtruhe bieten.

Sollten Sie einen »Hausaltar« in Ihrem Lebensraum haben, z. B. eine Kommode, die mit verschiedenen Accessoires und persönlichen Dingen der Familienmitglieder gestaltet ist, wäre es sinnvoll, wenn sich dort eine Kerze befindet, die Sie am Beginn des Tages mit einem Segensspruch entzünden. Sie erleuchten sozusagen aus der Mitte heraus den Raum und geben einen lichtvollen Impuls für den gesamten Tag.

Wenn Sie Ihre Wohnung oder Ihr Haus verlassen, weil Sie zur Arbeit gehen, dann können Sie sich von Ihrem Lebensraum verabschieden. Nennen Sie ihn bei seinem Namen und danken Sie ihm für die Geborgenheit, die er Ihnen schenkt. Dies können Sie in Worten oder auch Gedanken tun. Auch bei der Rückkehr begrüßen Sie ihn freudig und danken ihm für seine Offenheit und die Begegnung.

Wenn Sie am Abend zu Bett gehen, können Sie mit einem Nachtgebet den Tag verabschieden und die Nacht begrüßen. Hierdurch bauen Sie ein energetisches Feld auf, das Sie einhüllt und während der Nachtruhe schützt.

Hier ein kleines Beispiel, wie so ein Nachtgebet mit Worten bekleidet werden kann:

Gesegnet sei diese Nacht. ——

Gesegnet sei mein Schlaf. ——

Gesegnet seien meine Träume. ——

Zur Erholung und zum Wohle meines Körpers,
meines Geistes, meiner Seele und meines Herzens. ——

Ich danke für diesen Tag. ——

Ich danke für die Begegnungen. ——

Ich danke für die Erfahrungen und Erlebnisse. ——

Ich danke für die Geschenke des Lebens, die ich empfangen durfte. ——

Ich danke für mein Leben, meine Kraft und meine Gesundheit. ——

Ich danke für mein Wirken und für mein Sein. ——

Ich erbitte den Segen der Schöpfung für meine Lieben und meinen Lebensweg. ——

Ich wünsche mir die segensreiche Kraft und Fülle der Schöpfung, für mein Leben und mein Wirken, zu meinem Wohle und aller, die mit mir sind. ——

Darum bitte ich und dafür danke ich von ganzem Herzen. ——

Dieses »Gebet« sollte eine Anregung sein, sich darüber Gedanken zu machen, wie Sie für sich selbst den Tag beschließen und die Nacht begrüßen möchten. So, wie der Tag freudig empfangen werden darf, so darf es auch die Nacht.

Die wahre Kraft allerdings liegt im Geheimnis der Wiederholung. Denn durch die Wiederholung erhöht sich Intensität und Wirkungskraft sowie Fülle und Qualität der feinstofflichen Energie des Raumes und Ihrer eigenen. Sie bauen sozusagen jeden Tag Stück für Stück an Ihrem feinstofflichen Feld, das jeden Tag größer wird. Es kommt auch nicht darauf an, gleich zu Anfang viele Dinge zur bewußten rituellen Handlung werden zu lassen, sondern lieber wenige, aber diese wahrhaftig auszuführen. Bauen Sie es nacheinander auf und lassen Sie diese Handlungsweisen als ganz natürlich und selbstverständlich in Ihr Leben einfließen. Nach einiger Zeit werden Sie diese nicht nur praktizieren, sondern aus Ihrem Inneren heraus leben. Die magnetisierende Quelle der Lebensenergie wächst dann aus Ihrem Sein. Denn Energie zieht Energie an. Hier erwächst eine Wechselwirkung zwischen Ihnen, Ihrem Lebensraum und dem Kosmos. Die wahre Quelle sind Sie dann selbst.

Begleitende Rituale und Begegnungen durch das Jahr

Wie Sie selbst im Lauf des Jahres jahreszeitliche, kirchliche oder auch persönliche Hoch-Zeiten erleben, dürfen Sie auch Ihren Lebensraum daran teilhaben lassen. Zu Ostern oder Weihnachten ist es für die meisten eine Selbstverständlichkeit, den Raum entsprechend zu schmücken. Wichtig ist auch hier, dem Raum ganz bewußt zu begegnen und Ihr gestalterisches Wirken mit reichlich Aufmerksamkeit zu bereichern. Denn auf der sichtbaren Ebene wird der Raum geschmückt, aber wenn Sie mit Herz und Seele Hand anlegen, berühren Sie durch Ihr Wirken die feinstoffliche Ebene des Raumes. Das Schmücken des Raumes bekommt dadurch mehr Werte und Qualität.

So können Sie z. B. an Lichtmeß Anfang Februar ganz bewußt das Licht in Ihre Räume holen, indem Sie in jedem Raum eine Kerze entzünden und um die Kraft des Lichtes und seiner Erleuchtung für Mensch und Raum bitten. Denn zu diesem Zeitpunkt kehrt das Licht aus der Dunkelheit des Winters endgültig zurück. Laden Sie dieses Licht in Ihre Räume und in Ihr Leben ein und verabschieden Sie das Dunkel des Winters mit einer feinstofflichen Reinigung Ihrer Räume. Hierzu können Sie wie bereits beschrieben vorgehen. Oder, falls Sie bereits zu Silvester Ihren gesamten Lebensraum feinstofflich gereinigt haben, können Sie an diesem Tag mit nur einer Räucherschale all Ihren Räumen begegnen und diese reinigen. Anschließend werden die gelösten Energien verabschiedet, gelüftet und Kerzen in jedem Raum entzündet.

An Ostern, dem Fest, das der Frühlingsgöttin Ostara geweiht ist und an dem rotgefärbte Eier, die als Sinnbild für Fruchtbarkeit gelten, den Osterstrauß schmücken, können Sie die Kraft dieser Zeit in Ihre Räume holen. Laden Sie die auferstehende und beginnende Frühjahrskraft in Ihre Räume ein, indem Sie ganz bewußt den Eingangsbereich und Ihre Lebensräume Küche, Wohn- und Eßzimmer mit einem Osterstrauß beleben.

Um den 23. September, dem Tag der Herbst-Tagundnachtgleiche, wird in vielen Regionen an einem Sonntag das Erntedankfest gefeiert. Man gestaltet eine Erntekrone und bringt diese mit vielen anderen Früchten der Erde in die Kirche, um für den segensreichen Ertrag der Natur zu danken. Auch wenn Sie selbst keine Früchte ernten, wäre es eine willkommene Gelegenheit, für die Erträge des Lebens, die Sie über das Jahr empfangen durften, sinnbildlich mit verschiedenen Früchten von Feld und Garten zu danken. In der Mitte Ihres Lebensraumes sowie in der Küche können Sie mit allerlei Früchten (Obst, Gemüse, Getreide usw.) dem Leben für die Fülle danken, die Ihnen geschenkt wurde. Seien Sie schöpferisch und erfüllen Sie den Raum mit den Gaben der Erde. Danken Sie Ihrem Raum für die Kraft der Geborgenheit und den Schutz, den er Ihnen über das Jahr zuteilwerden läßt. Schenken Sie symbolisch jedem Raum einen Apfel. Dieser steht als Symbol für Fruchtbarkeit und Lebendigkeit. Diese Fruchtkraft ist über das Jahr gewachsen und darf nun geerntet werden, um den Winter über diese Kraft durch seine rote Farbe und sein saftiges Fleisch in den Raum hin abzugeben. Seien Sie sich bewußt, daß es eine Zeit gab, in der man nach der Ernte auf die gewonnenen Früchte der Erde den ganzen Winter über angewiesen war.

Am Abend des 31. Oktober beginnt das Fest Samhain. Bei den Kelten war dies der Übergang vom alten ins neue Jahr. Die Nacht vom letzten Tag des Oktobers und dem ersten Tag des Novembers ist die Nacht unserer Ahnen, die uns in die andere Welt vorausgegangen sind. Dies ist die Phase, in der die geistigen Kräfte die irdischen Kräfte des Wachstums und der Fruchtbarkeit ablösen. Die Natur beginnt, sich auf den bevorstehenden Winterschlaf vorzubereiten, und zieht ihre Kräfte zurück. In dieser Zeit öffnen sich die geistigen Tore der Anderswelt, um uns auf den Tod und die Wiedergeburt aufmerksam zu machen.

An Allerheiligen werden die Lichter auf den Gräbern unserer Ahnen entzündet, um ihnen den Weg zur Ewigkeit zu erhellen. Das hat sich bei uns an Halloween eingebürgert. Es müßten aber keine Kürbisse ausgehöhlt werden, in denen Gesichter zum Vorschein kommen. Vielmehr können Sie ganz bewußt Licht durch Kerzen vor der Tür und an den Fenstern aufstellen, um unseren Ahnen den Seelenweg zu erhellen.

Beziehen Sie ihren Lebensraum in Ihrem Wirken mit ein. Entzünden Sie ein wohlriechendes Rauchwerk, welches die Handlung bereichert und Sie beim Aufstellen und Entzünden der Kerzen begleitet. Gedenken Sie in dieser Zeit Ihrer Verstorbenen, die Ihnen schon vorausgegangen sind, und werden Sie sich der eigenen Sterblichkeit bewußt. Nutzen Sie diese Tage für innere Einkehr und Besinnung. Erinnern Sie sich an die Hoch-Zeiten des Jahres und lassen Sie sich einstimmen auf die ruhige Zeit in Vorbereitung auf Advent und Weihnachten.

In der Adventszeit können Sie sowohl Ihren Lebensraum als auch sich selbst auf die Zeit der Besinnung und der geistigen Sammlung einstim-men. Ein Adventskranz aus grünen Tannenzweigen und mit roten Ker-zen schenkt Ihnen und Ihrem Raum das Grün der Natur und die Kraft des Feuers. Sie können an jedem Adventssonntag beim Entzünden einer neuen Kerze mit Gesang und adventlichen Geschichten die Energie der Einstimmung und Vorbereitung auf das Fest unterstützen und beglei-ten. Durch das Schmücken des Raumes mit Tannengrün, Weihnachts-sternen, Strohsternen und viel Licht nutzen Sie diese Zeit, um Raum und Mensch auf die »Ankunft« vorzubereiten. Mit Tannengrün und Weihnachtsstern bringen Sie die Kraft der Natur und das Blühende in Ihre Räume. Es ist das Gegenstück zur kalten Jahreszeit draußen, wo die Kräfte der Natur ruhen und Winterschlaf halten. Die Strohsterne sind aus dem Material gefertigt, das bei der Ernte des Getreides mit einge-bracht wurde.

Dieser Strohhalm gab der Ähre Halt und versorgte sie mit Wasser und Nährstoffen, damit sie Körner bilden und wachsen konnte. Diese Kraft des Haltens und Tragens sowie der Versorgung mit lebenswichtigen Elementen wird durch die Verwendung des Strohs sinnbildlich in die Lebensräume übertragen. Auch die Form des Sterns trägt zur energeti-schen Steigerung des Raumes bei. Denn wie die Sterne die Nacht erhel-len und uns mit ihrem Funkeln bezaubern, so können schön gestaltete Strohsterne unsere Räume kraftvoll und heiter bereichern. Für viele Menschen ist diese Jahreszeit - wie in der Natur - der Tiefpunkt des Jahres. Einsamkeit und seelische Tiefs sind hier sehr oft hemmende Stimmungsfaktoren.

145

Wertvoll bereichern können Sie die Stimmung mit Licht an den Fenstern und im Raum. Lichterketten und Kerzen sind sehr förderliche Instrumente, die im wahrsten Sinn des Wortes Licht in das Dunkel bringen. Entzünden Sie zu jeder Mahlzeit auf Ihrem Speisetisch eine Kerze, um den »Raum« zu erhellen und die natürliche Lichtkraft des Lebens einzuladen.

Das Backen von Plätzchen und Lebkuchen und die Zubereitung von Glühwein, das Tannengrün und Bienenwachsduft, Strohsterne und Licht, Musik und Lieder wie auch vorweihnachtliche Geschichten regen all unsere fünf Sinne an und erfüllen gleichermaßen Mensch und Raum mit Behaglichkeit und Wohlgefühl.

Die Krönung dieser Zeit ist das Aufstellen und Schmücken des Weihnachtsbaumes. Hier können Sie mit Strohsternen, Lebkuchen, Kerzen und kunstvoll gestalteten Dingen dem Herzen Ihres Lebensraumes Einzigartigkeit und Lebendigkeit verleihen. Der Weihnachtsbaum steht für immergrüne Lebenskraft, die uns Seelenstärke und Lebensantrieb vermittelt. Durch sein Grün und seinen Schmuck sowie seine anmutige Erscheinung schenkt uns der Weihnachtbaum die Botschaft der Geburt des Lichtes in der dunklen Jahreszeit.

Denn am 21. Dezember ist Wintersonnenwende, und an diesem Tag herrscht die längste Nacht und der kürzeste Tag. Ab diesem Zeitpunkt werden die Tage wieder länger und das Licht bekommt allmählich wieder mehr Kraft.

An Sylvester begehen wir den letzten Tag des Jahres. Wir verabschieden das alte Jahr und feiern uns in das neue hinein. Schenken Sie Ihrem Raum an diesem Tag die Aufmerksamkeit, die er verdient. Er schenkte Ihnen das ganze Jahr über die Kraft der Geborgenheit und Sicherheit. Sie wurden behütet und beschützt, daher wäre es sinnvoll, sich an diesem Tag zu bedanken. Reinigen Sie Ihren Lebensraum und verabschieden Sie die Energie des alten Jahres, um ihn freizumachen für die Energie des neuen Jahres. Bedanken Sie sich bei ihm für alles, was Sie durch ihn und mit ihm erleben und erfahren durften.

An Neujahr können Sie im Eingangsbereich Ihres Hauses oder auch Wohnung eine Schutzräucherung durchführen. Nehmen Sie eine Schale mit Feuersand und Kohle sowie eine geeignete Räuchermischung. Öffnen Sie dabei die Eingangstür und führen Sie die Schale mit dem Rauchwerk mehrmals an allen vier Seiten und Ecken der Tür entlang. Sie bauen damit einen unsichtbaren Filter in der Tür auf. Bitten Sie um alles Glück, Gesundheit, Freude, Wahrhaftigkeit, Güte, Menschlichkeit, Liebe, Herzlichkeit und die Fülle des Lebens, sagen Sie, daß sie hier willkommen sind und den Raum erfüllen dürfen. Heißen Sie die Kräfte des Wohlstandes, der Heiterkeit, der Klarheit, der Ehrlichkeit und der universellen Lebenskraft willkommen.

Nehmen Sie lieber Abstand davon, sogenannte »schlechte« und nicht erwünschte Energien abzuwehren. Erwähnen Sie nicht ihre Namen, denn das würde gehört werden. Stellen Sie sich einmal vor, Sie bewegen sich auf einem großen Platz mit sehr vielen Menschen. Jemand steht auf einem Podest und ruft verschiedene Namen von Personen auf, die dann zu ihm kommen sollen. Ihr Name ist nicht dabei. Sie fühlen sich nicht angesprochen und gehen weiter Ihres Weges.

Jetzt nehmen Sie einmal an, daß bereits alle aufgerufen wurden, die zu ihm kommen sollten. Und anschließend ruft er einige Namen auf von Menschen, die nicht zu ihm kommen sollen. Unter anderem Ihren Namen. Sie werden jetzt mit Sicherheit aufmerksam werden und sich zu diesem Menschen hinbewegen, um zu erfahren, warum Sie nicht mitgehen dürfen. Sie sind neugierig geworden und folgen dem Ruf Ihres Namens, obwohl Sie nicht kommen sollten.

Genauso verhält es sich beim Schützen Ihrer Eingangstür. Benennen Sie die Energien, die Sie wirklich haben wollen, bei ihren Namen und konzentrieren Sie sich ausschließlich auf diese.

Wenn Sie ein Haus oder eine Wohnung gekauft oder gemietet haben, ist dies an einem bestimmten Tag geschehen. Diesen Tag sollten Sie besonders ehren, indem Sie sozusagen des »Geburtstags« oder Ehrentags Ihres Lebensraumes gedenken und ihn vielleicht sogar feiern. Schenken Sie Ihrem Lebensraum an diesem Tag besonders viel Aufmerksamkeit und Beachtung. Wenn ein Familienmitglied Geburtstag hat, tun Sie das ja auch. Sie können frische Blumen auf den Hausaltar stellen. Ebenso können Sie mit einer duftenden Räucherung dem gesamten Lebensraum begegnen und für die gemeinsame Zeit danken, die Sie erleben durften.

Natürlich sind Sie in der Wahl dieses Ehrentages frei. Sie können auch den Tag des Einzugs in die neuen Räume wählen. Wichtig ist nur, daß Sie für sich einen solchen Tag bestimmen, den Sie als Tag Ihres Hauses oder auch Wohnung feiern.

Wenn Sie sich den Traum vom eigenen Haus erfüllen, gibt es verschiedene Ansichten über den Geburtstag des Hauses. Einige wählen dafür den Tag der Grundsteinlegung, andere den Tag des Richtfestes oder den Tag des Einzugs.

Nun vergleichen wir diese Tage einmal mit dem Geburtstag eines Menschen. Ein neues Familienmitglied wird geboren, ein neuer Erdenbürger, der mit allen vollständig ausgebildeten Sinnen gesegnet ist. Er kommt in das Leben und wird Mitglied einer Gemeinschaft.

Bei einem Haus ist es so, daß die Menschen den neuen Raum am Tag des Einzugs in ihre Gemeinschaft aufnehmen und umgekehrt. Es ist der Übergang vom bisherigen Lebensraum (Gebärmutter) zum neuen Lebensraum (Familie). Alles ist anders und man muß sich an die neuen Lebensräume und die Wohnsituation erst noch gewöhnen. Nichts ist mehr so, wie es vorher war, es ist der Tag eines neuen Lebens.

Feiern Sie diesen Tag gemeinsam mit der Familie, Freunden, Bekannten und Ihrem Raum. Gedenken Sie dieses Ehrentages und danken Sie dem Raum für all das, was Sie durch ihn an Geborgenheit, Sicherheit, Behaglichkeit, Freude, Kraft, Glück und Liebe geschenkt bekommen haben.

Selbstverständlich können Sie an jedem für Sie wichtigen Feiertag oder anläßlich regionaler Feste wie z. B. Fasching, Maifest, Kirchweih usw. Ihren Lebensraum mit einbeziehen und entsprechend schmücken und segnen. Beziehen Sie Ihren Raum in Ihr Leben und in die Dorf- oder Stadtgemeinschaft mit ein. Denn Ihr Haus oder Ihre Wohnung sind Teil einer Gemeinschaft aus vielen anderen Häusern. Sollten Sie in der

Einöde wohnen, gilt das gleiche. Hier ist Ihr Haus Teil der Landschaft, die dieses Haus einbettet und ihm Halt gibt.

Die Kraft der Jahreszeiten im Leben und im Raum verkörpern

Die Jahreszeiten mit den Jahreskreisfesten sind eine sehr gute Möglichkeit, Raum und Mensch gleichermaßen in den natürlichen Kreislauf der Natur mit einzubeziehen.

Welche Feste Sie in den einzelnen Jahreszeiten auch feiern, seien es kirchliche, örtliche oder auch familiäre, sehen Sie Ihren Raum als Teil der Gemeinschaft, sowohl der Familie als auch des Ortes.

So können Sie im Frühjahr Frisches und Blühendes in Ihre Räume holen, um hier einen Teil der erwachenden Natur zu integrieren. Lassen Sie Ihren Raum die neue treibende Kraft des Jahres nicht nur im Außen, sondern auch in seinem Inneren erleben. Damit erhöht sich auf sehr natürliche Art und Weise die innere Kraft Ihrer Räume zum Wohle des Raumes wie der Menschen, die ihn bewohnen. Selbstverständlich können Sie auch mit Bildern und Fotos, die diese Jahreszeit darstellen, Ihre Räume bereichern. Ein schöner, großer Jahreskalender mit Fotos, die die Jahreszeiten darstellen, kann Sie und Ihren Raum durch das Jahr begleiten.

Nehmen Sie eine Geschichte oder ein Gedicht über diese Jahreszeit und rahmen Sie diese ein. Sie können dieses Schriftbild im Eingangsbereich Ihres Lebensraumes anbringen. So wird man bereits in diesem Bereich von der Kraft der Jahreszeit empfangen. Dies können Sie wechselnd in allen Jahreszeiten vornehmen. So bringen Sie immer wieder neue Impulse in Ihre Räume, die die Lebendigkeit und die Abwechslung fördern.

Der Frühjahrsputz ist eine sehr bekannte Art, die Räume grobstofflich zu reinigen, um Raum und Mensch für den Neubeginn vorzubereiten. Wirken Sie in diesem Zusammenhang auch auf der feinstofflichen Ebene. Verabschieden Sie die alte Jahreszeit, den Rückzug und den

Winterschlaf. Machen Sie ihre Räume frei, die Frühlingskraft auf allen Ebenen zu empfangen.

Lassen Sie sich inspirieren und von Ihrer Seelenkraft beflügeln.

Der Frühling

Die Welt erwacht aus ihrer Ruh,
der Sonne Kraft nimmt stetig zu.
Des Lebens großes Schöpfungslied,
uns Anmut, Kraft und Liebe gibt.
Wir sind berauscht, von Glück berührt,
weil Gott uns durch das Leben führt.
Wir nehmen an mit allen Sinnen,
des Lebens Quell wir ganz gewinnen,
wir blühen auf in dieser Kraft,
weil uns beflügelt Gottes Macht.
Seht her, wie schön ist diese Welt,
erfüllt mit Schätzen wie bestellt.
Das frühe Jahr hat nun begonnen,
Gottes Kraft uns stets willkommen.
Oh Ihr Menschen singt und lacht,
nun ist das Leben ganz erwacht.

Auch der Sommer bietet eine Vielzahl von Festen. Je nach Glaubensrichtung und Region sowie familiären Anlässen, können Sie hier Ihren Raum in die Festlichkeiten einbeziehen. Feiern Sie diese Hoch-Zeit des Jahres, schmücken Sie Ihren Raum mit den Blumen des Sommers und ehren Sie diese hohe Zeit. Die Sonne befindet sich auf ihrem höchsten Punkt, und der Jahreslauf hat seine Mitte erreicht. Von diesem höchsten Punkt aus kann man zurückblicken auf die vergangene Hälfte und vorausschauen auf die noch kommende Zeit. Man befindet sich auf dem Gipfel des Sonnenlaufs, dem Punkt höchster Kraft und Macht. Bringen Sie diese Sonnenkraft durch Symbole und Bilder von der Sonne in Ihre Räume. So laden Sie die Kraft des Kreislaufs der Natur auch in Ihre Räume ein.

Feiern Sie ein Sommerfest und schmücken Sie dabei nicht nur die Terrasse und den Garten, sondern beziehen Sie Ihren Raum ein. Hier können Sie die Fenster sowohl von außen als auch im Innern des Hauses dekorieren. Lassen Sie Ihren Raum an der Festlichkeit teilhaben und geben Sie Ihren Gästen die Möglichkeit, sich von draußen auch ins Innere des Hauses zu bewegen. So wird der Raum einbezogen und regt die Kraft des Menschen an, nach innen zu gehen, sich zu sammeln und wieder nach außen zu gehen, um sich zu zeigen.

Seien Sie kreativ und einfallsreich und lassen Sie sich durch die Kraft der folgenden Worte anregen.

Der Sommer

Die hohe Zeit des Jahres mächtig,
die Tage weit und groß in ihrer Kraft,
die Sonne steht nun schicksalsträchtig,
in Lauf und Bahn der größten Macht.
Der höchste Punkt im Jahr erreicht,
der Lust und Kraft wir nun erleben,
die Flüsse wiegen nur ganz seicht,
der Frucht der Welt zu unsrem Segen.
Wir nehmen an die hohe Zeit,
denn hier wächst über uns hinaus,
gar seelenstark und herzensweit,
die Lebenskraft und Lust heraus.
Die Felder leuchten durch das Licht,
die Kraft der Gaben unsrer Welt,
Gott und Mensch von Angesicht zu Angesicht,
Dank seiner Kraft wir durch und durch erhellt.

In der Herbstzeit des Jahres stehen uns vielfältige Mittel zur Verfügung, um den Raum mit seinen Qualitäten zu gestalten und erfüllen. Wie schon beschrieben, bietet es sich zur Zeit des Erntedankfestes an, unsere Räume mit den geernteten Früchten zu schmücken. Dekorieren Sie mit verschiedenen bunten Laubblättern Ihre Räume.

151

Äpfel und Kastanien sowie Nüsse und Zierkürbisse bringen Farben und Formen der Natur zum Ausdruck und beleben Ihre Räume. Diese Blickfänge verbinden den Raum mit der Kraft dieser Jahreszeit und bereiten die Menschen auf die kalte Zeit des Jahres vor.

Begegnen Sie der herbstlichen Natur und lassen Sie sich anregen, wie Sie Ihre Kräfte zu Ihrem und dem Wohl Ihrer Räume integrieren können.

Der Herbst

Der Sonne Kraft in allen Früchten,
erstrahlend schön in ihrem Lichte,
wohl lockend und gar prächtig,
das Rot des Apfels prall und mächtig.
Er lädt uns ein, ihn anzunehmen,
als Paradiesfrucht ganz ergeben,
uns Menschen schenkt mit Fleisch und Saft,
der göttlich Sonne Schöpfungskraft.
Wir nehmen an die Gaben dieser Welt,
die Mensch und Urkraft wie vermählt,
verbindet und zusammenhält.
Die Kammern voll von irdisch Gaben,
die Leib und Seele gleichsam laben.
Vorbei das Wirken und auch Tun,
die Zeit ist reif, sich auszuruhn.
Der Abendsonne goldner Schein,
strahlend leuchtend lädt sie ein,
ihrem Lichte freudig zu begegnen,
oh, Erdenmensch laß mich dich segnen.

Die stille Zeit des Jahres lädt uns ein, mit unseren Sinnen nach innen zu gehen, um uns und unser Leben zu reflektieren.

Der Winter lädt uns ein, in Ruhe Kraft zu tanken, er ist Erholungszeit für Körper, Geist und Seele, des Menschen Winterschlaf. Das Entzünden einer Kerze bringt Licht in unsere Räume und Licht in unseren

Seelenraum. In diesem Licht und in der Stille des Raumes liegt die Kraft, uns selbst zu begegnen.

Nutzen Sie diese Zeit und die Kraft Ihrer mit Tannenzweigen, Kerzen, Weihnachts- und Strohsternen geschmückten Räume, die erfüllt sind von weihnachtlichen Düften. Begegnen Sie sich selbst und danken Sie dem Raum, daß er Ihnen Halt, Schutz und Geborgenheit schenkt und Sie sich so ganz dem Wesentlichen im Leben widmen können.

Nehmen Sie die Kraft dieser Worte an und betrachten Sie das Gedicht als Geschenk für sich und Ihren Raum:

Der Winter

Die dunkle Stille nun erwacht,
des Lebens Tiefe ganz berührt,
der Hauch der Kälte uns recht sacht,
die sanfte Zeit zugegenführt.
Wir stimmen ein in diesen Klang,
erfüllt von Einkehr und Bedacht,
voll Ruhe und auch Wohlgesang,
zu sammeln Geist und Kraft.
Der Schlaf des Lebens in der Welt,
für Muße, Zeit und unserem Sein,
Gott hat seinen Mantel uns gestellt,
um der geweihten Nacht sich zu erfreuen.
Des Nächtens Tiefe uns empor
geleitend unsren Weg berührt,
wenn auf der Schwelle tritt hervor,
des Schnitters Hand von Gott geführt.
Wir schauen Gott und all die Ahnen,
die vor uns gingen und erwarten,
gestaltet sind bereits die Bahnen,
die uns führen durch Gewalten.
Wir gehen ein, durch Engelskraft begleitet,
erquickt und hohen Hauptes ganz gewiß,
Portal durchschreitend und frohlockend,
daß dies des Lebens Anfang ist.

11. Schlußwort

Es gibt sicherlich noch viele Geheimnisse, Kräfte und Qualitäten, die unsere Lebensräume in sich bergen. Jedoch liegt es an uns, diese im Dialog mit ihnen in Erscheinung treten zu lassen und als Wirklichkeit anzuerkennen. Denn wie ein Mensch wird sich der Raum erst nach vielen vertrauensvollen Begegnungen öffnen und seine innere Welt offenbaren.

Begegnen Sie Ihren Räumen wie einem guten Freund und Vertrauten. Bauen Sie eine Beziehung auf und erkennen Sie ihn an, mit all seinen Qualitäten und Kräften.

Ehren Sie ihn mit einem Namen und schenken Sie ihm die gleiche Aufmerksamkeit und Kraft, die er Ihnen zuteilwerden läßt.

Ich wünsche Ihnen zahlreiche, segensreiche und kraftvolle Begegnungen mit Ihren Räumen, viele interessante Erkenntnisse, stimmungsvolle Dialoge und ein schöpferisches Gestalten mit all Ihren Sinnen.

12. Adressen

Informationen über Beratung, geomantische Lebensraumgestaltung, Seminare und Vorträge mit Stephan Andreas Kordick erhalten Sie bei:

asimo
Forstgasse 6
D-92289 Ursensollen
Tel. +49 (0)9628 - 923 650
www.atemlust.de
kordick@atemlust.de

Bezugsquellen für Räucherwerk und Zubehör:

Feng Shui-Living
Joachim Alfred P. Scheiner
Wolferstraße 3
D-83236 Übersee am Chiemsee
Tel. +49 (0)8642 - 595 682
info@feng-shui-living.de
www.feng-shui-living.de

Fa. mon bijou
Franz X.J. Huber
Donnersbergerstraße 22
D-80634 München
Tel. +49 (0)89 - 162816
info@mon.bijou@t-online.de
www.fa-monbijou.de

In diesem Buch wird ein Haus nicht als leblose Sache begriffen, sondern als ein beseeltes Wesen. In diesem Bewußtsein können wir so bauen, renovieren und uns einrichten, daß unsere Ganzheit von Körper, Geist und Seele Berücksichtigung findet. Unabhängig davon, ob ein neues Hauswesen erschaffen oder ein bereits bestehendes Haus oder eine Wohnung erworben werden soll: Dieses Buch führt durch die einzelnen Phasen vom ersten Impuls der Idee bis hin zum Bezug der neuen Räume.

Hier ein kleiner Auszug der Themen des Buches:
Auswahl und Bestimmung des Bauplatzes
Wahrnehmung der Grundstücksqualitäten
Harmonikale Planung und Goldener Schnitt
Die Mensur und der Klang des Raumes
Bautraditionen – vom ersten Spatenstich, über die Grundsteinlegung
   bis zum Richtfest
Die Bildung der Lebensquellen
Auswahl der Baustoffe und Materialien
Die Farb- und Formgestaltung der Räume
Wahrnehmung der Farben im Raum
Farben – Ihre Themen, Wirkung und Kraft
Der Bezug des Raumes und die Tage der Einweihung

Stephan Andreas Kordick
Die Geburt des Raumes
Lebensräume planen, bauen, begleiten und gestalten
Paperback, 224 Seiten
ISBN 978-3-89060-558-6

Infrarot, Ultraschall, Röntgenstrahlen, das mikroskopisch Kleine... Daß es vieles gibt, was wir nicht wahrnehmen können, was aber trotzdem wirklich ist, weiß jedes Kind. Und es gibt Dinge, die uns auch technische Hilfsmittel nicht zeigen, die aber mit einer darauf ausgerichteten Wahrnehmung zu erkennen sind. Dieses Buch möchte Grenzen unserer Vorstellung sprengen, die uns daran hindern, unsere »übersinnlichen« Sinne zu nutzen. Mit vielen praktischen Übungen beweist uns Stefan Brönnle: Jede/r kann hellsehen.

Stefan Brönnle
Grenzenlose Sinne
Intuition – Empathie – Hellsehen
Das Grundlagen- und Arbeitsbuch zur Fernwahrnehmung
Pb., 144 Seiten
ISBN 978-3-89060-269-1

Ob Handystrahlung krank macht, an dieser Frage scheiden sich die Geister, und viele wollen es auch gar nicht wissen. Anhand vieler nüchterner Informationen und aus ihrer langjährigen Erfahrung tragen die Autoren, beide über Jahre in der baubiologischen Beratung tätig, in diesem Buch viele Belege für die Schädlichkeit des Elektrosmogs zusammen. Aber sie wollen nicht verteufeln, sondern aufklären und uns sensibilisieren, damit wir mehr auf diese allgegenwärtige Gesundheitsgefahr achten.

Ulrich Kurt Dierssen, Stefan Brönnle
Der Mensch im Kraftfeld der Technik
Unsere körperliche, seelische und geistige
Resonanz zum Elektrosmog
Pb., 176 Seiten, mit Tabellen und Glossar
ISBN 978-3-89060-527-2

Die Wohnung und das Haus sind eng mit unseren innersten Wünschen, unseren Bedürfnissen, aber auch unseren Schatten verbunden. Sie sind ein Spiegel unserer Seele. Was für den Astrologen das Horoskop ist, das ist für den Geomanten der Wohnungsgrundriß. Geomanten sind Menschen, die die Wirkung des Ortes auf den Menschen ebenso zu deuten wissen, wie sie aus der Raumgestaltung auf den Menschen schließen können.

Der ausgewiesene Fachmann und Geomantie-Ausbilder Stefan Brönnle stellt in diesem Buch in einfachen und leicht nachvollziehbaren Schritten vor, wie wir Harmonie in unserem Haus schaffen – die zurückspiegelt in unsere Seele.

Stefan Brönnle
Das Haus als Spiegel der Seele
Wie wir durch Änderungen in unserem Wohnumfeld
unsere Seele heilen
Pb., 144 Seiten, zahlreiche Abbildungen
ISBN 978-3-89060-254-7

Feng-Shui ist in aller Munde, aber die wenigsten wissen, daß Feng-Shui – so wie es in den Büchern meist abgehandelt wird – nur ein Aspekt der umfassenden traditionellen Wissenschaft der Geomantie ist. Dieses Buch bietet eine umfassende Überschau über alle Bereiche der Geomantie: Geschichte, gegenwärtige Lage und Ausblick auf die vielfältigen Möglichkeiten einer Geomantie der Zukunft.

Petra Gehringer
**GEOMANTIE – Wege zur Ganzheit
von Mensch und Erde**
Pb., 320 S., viele teils farbige Abbildungen
ISBN 978-3-89060-469-5

Auch wenn es uns nicht bewußt ist: Wir leben alle im Reich der Elementarwesen. Immer und überall durchdringen sie unsere Seele. Die ganze Welt um uns herum ist von Elementarwesen durchseelt.

An allem, was in der Natur geschieht, sind Elementarwesen beteiligt. – Auch unsere Innenwelt, die Welt unserer Gefühle und Gedanken, besteht aus Elementarwesen. In fast allen Lebenslagen haben wir es mit Elementarwesen zu tun.

Die Elementarwesen der Natur warten sehnlichst darauf, von uns Menschen bewußt ergriffen zu werden. Ihre zukünftige Existenz ist von uns abhängig. Es geht um die Rettung der Elementarwesen.

Thomas Mayer
Rettet die Elementarwesen!
Pb., 192 Seiten
ISBN 978-3-89060-517-3

Sie haben schon einige Feng Shui-Bücher gelesen, und jetzt fangen Sie an. Da kommen aber die Fragen: Soll ich hier wirklich einen Spiegel nehmen? Oder ist nicht ein Klangspiel besser? Vielleicht wäre aber auch eine Pflanze das richtige? Jetzt blättern Sie und suchen. Wo stand das bloß?

Mit »FENG SHUI Hilfsmittel« haben Sie alle Informationen auf einen Blick zur Hand und können entscheiden. Dieser Ratgeber, wo man zu jedem Hilfsmittel nachschlagen und zu Symbolgehalt und Wirkung nachlesen kann, hilft ganz praktisch, ob man nun schon zehn Feng Shui-Bücher gelesen hat oder erst eines.

Irene Kasemann
Feng Shui Hilfsmittel gezielt einsetzen
Paperback, 96 Seiten
ISBN 978-3-89060-050-5

Bücher von NEUE ERDE im Buchhandel

Im deutschen Buchhandel gibt es mancherorts Lieferschwierigkeiten bei den Büchern von NEUE ERDE. Dann wird Ihnen gesagt, dieses oder jenes Buch sei vergriffen. Oft ist das gar nicht der Fall, sondern in der Buchhandlung wird nur im Katalog des Großhändlers nachgeschaut. Der führt aber allenfalls 50% aller lieferbaren Bücher. Deshalb: Lassen Sie immer im VLB (Verzeichnis lieferbarer Bücher) nachsehen, im Internet unter **www.buchhandel.de**

Alle lieferbaren Titel des Verlags sind für den Buchhandel verfügbar.

Sie finden unsere Bücher in Ihrer Buchhandlung oder im Internet unter **www.neue-erde.de**

Bücher suchen unter: **www.buchhandel.de**. (Hier finden Sie alle lieferbaren Bücher und eine Bestellmöglichkeit über eine Buchhandlung Ihrer Wahl.)

Bitte fordern Sie unser Gesamtverzeichnis an unter

NEUE ERDE GmbH
Cecilienstr. 29 · D-66111 Saarbrücken
Fax: 0681 390 41 02 · info@neue-erde.de